B2B 4.0

新技术应用引爆产业互联网

阎　志◎编著

ZHEJIANG UNIVERSITY PRESS
浙江大学出版社

图书在版编目（CIP）数据

B2B 4.0：新技术应用引爆产业互联网 / 阎志编著. —
杭州：浙江大学出版社，2019.9
ISBN 978-7-308-19229-3

Ⅰ.①B… Ⅱ.①阎… Ⅲ.①电子商务—研究 Ⅳ.
①F713.36

中国版本图书馆 CIP 数据核字(2019)第 117649 号

B2B 4.0：新技术应用引爆产业互联网

阎　志　编著

策　　划	杭州蓝狮子文化创意股份有限公司
责任编辑	杨　茜
责任校对	杨利军　刘莨子
封面设计	水玉银文化
出版发行	浙江大学出版社
	（杭州市天目山路 148 号　邮政编码 310007）
	（网址：http://www.zjupress.com）
排　　版	杭州中大图文设计有限公司
印　　刷	杭州钱江彩色印务有限公司
开　　本	710mm×1000mm　1/16
印　　张	16.75
字　　数	225 千
版 印 次	2019 年 9 月第 1 版　2019 年 9 月第 1 次印刷
书　　号	ISBN 978-7-308-19229-3
定　　价	69.00 元

20 多年来,中国互联网产业蓬勃发展,诞生出一批优秀的互联网公司,它们将互联网触角伸入终端消费者,提供的各类产品和体验给生活带来了极大的便利,改善了人们的生活品质。近几年,基于消费互联网的创新越来越难,以体验为主的互联网新入口越来越少,但是基于产业互联网的平台正在不断涌现。我们认为,随着各行各业的深入转型升级,未来互联网的发展机遇将出现在产业互联网。

B2B 是产业互联网最重要的应用领域,其形态从 B2B 1.0 发展到 B2B 3.0,不断迭代和升级。B2B 越来越受到关注和重视,是因为 B2B 作为连接企业(Business)端的新生意方式的应用,的确为企业客户提供了方便。B2B 1.0 时代,它打破了企业间交易时信息的不对称;B2B 2.0 时代,它解决了交易的信任与效率问题;B2B 3.0 时代,B2B 提供的服务延伸至供应链各个环节,提供了包括金融、物流、供应链管理等在内的全流程服务。也就是说，正是因为有了需求，才有了 B2B 的兴起。

技术的发展一直在推动 B2B 的发展。互联网技术的普及，特别是移动互联网的应用，都极大地推动了 B2B 的发展。大数据、物联网、数字货币、区块链等新一轮技术潮的出现，也必然会推动 B2B 的升级。如果把握好这一轮新技术的应用，B2B 必然会进入一个新的境界：平台将在数据、客户、物流、仓储、金融、供应链管理等方面全面打通，让企业、客户能真切地感受到市场变大、库存变小、周转率变高、成本变低、供应链变轻、盈利能力变强。因此，我和我的同事们近年来一直在追踪、关注、分析、学习如何将新技术更好地应用于 B2B 平台。

在深入研究和论证后，我们发现 B2B 1.0 实际上是以信息服务为核心，B2B 2.0 是以撮合交易为核心，B2B 3.0 是以融合生态为核心，而我们即将迎来的 B2B 4.0 是以智能互信为核心的更高级形态。未来，区块链会重构 B2B 的新生态，数字通证将为 B2B 注入"活水"，物联网会构建全面数字化的 B2B，人工智能将推动 B2B 的智能交易，这些又会帮助推动 B2B 4.0 进入新贸易时代。我们还发现，这些新技术在 B2B 平台上的应用，会再造供应链，从而重塑未来的企业组织，于是就有了这本《B2B 4.0：新技术应用引爆产业互联网》。

本书基于卓尔智联的实践探索，结合对行业中典型案例的思考，剖析 B2B 一路发展的脉络与规律，探讨在新技术应用背景下行业的未来方向。希望本书能够帮助 B2B 从业者和用户更全面地认识 B2B，了解 B2B 下一步的发展趋势，对大家的工作和企业经营有所帮助。

目录
CONTENTS

第一章

B2B崛起：

开启商业贸易新进程

B2B 行业的诞生

1968 年，美国国防部高级研究计划局组建了阿帕网（ARPANET），它最初被用于军事连接，后来开始向非军用部门开放，由美国四所大学的计算机联网，形成最初的网络。随后，美国国家科学基金会（NSF）也建立了连接全美五个超级计算机中心的 NSF 网，用于共享大学资源。随着两个网络的节点逐渐增多，互联网不再仅用于共享资源，逐渐成为人们通信和交流的工具，一些企业也陆续开始在互联网上开展商业活动。

1994 年，中国正式接入国际互联网。此时的美国互联网已经步入快速发展阶段，在网络标准、技术、投资理念、商业模式等方面都已经相对成熟，但中国的互联网刚刚开始萌芽，还要到几年后，以马云、张朝阳、马化腾、李彦宏等人为代表的创业者，开始积极探索互联网在传统商业领域的运用，互联网逐渐渗透到各行各业。

1995 年，当时仍在翻译社工作的马云的一次美国之行让他第一次接触到互联网，并意识到它的发展前景。回国之后，他创办了中国黄页，将国内各个行业的资料收集起来，发布在网站上，为交易双方提供宣传、查询、发布供求信息等功能。中国黄页的成立标志着我国 B2B（Business-to-Business）的商业模式开始出现。

B2B 是指企业与企业之间通过互联网进行数据信息的传递、交换，开展商品交易及服务活动的商业模式。简单点说，B2B 企业提供网络平台，帮助交易双方完成商品交易。B2B 作为主要服务于中小企业的一种电子商务模式,在促进实体经济与网络经济融合发展的同时,对传统中小企业转型升级、实体经济创新发展,也起到了助推作用。

20世纪90年代,我国的商品贸易还是以传统的线下形式开展,企业间交易以传统的供应商、代理商、批发商渠道为主。另外,以汉正街、义乌小商品城为代表的批发市场,以及中国进出口商品交易会(广交会)为代表的展销会模式也逐渐发展起来,成为当时主流的商品交易形式。但交易时买卖双方信息不对称、虚假宣传、商品质量参差不齐、售后管理缺失等问题严重,交易过程亟须第三方的介入和监管。

从当时的经济发展情况来看,1993年,社会主义市场经济改革目标确立,改革开放进一步深入,中国经济快速发展。商品结构逐渐由劳动密集型的农业、手工业品向资本、技术密集型的工业制品倾斜,商品结构更新升级,贸易量迅速增长。与此同时,传统的线下交易市场弊端不断显现,市场发展对商品交易提出了新的要求。适逢互联网技术在中国的渗透与发展,这就为传统商品贸易的转型升级提供了最好的契机,B2B行业应运而生。

B2B 行业发展历程

B2B行业从诞生到现在,在探索中曲折发展。根据当时的贸易背景和互联网水平,通过区分比较不同阶段B2B企业的商业模式、盈利特征,我们将B2B行业的发展进程分为信息服务、撮合交易、融合生态三个阶段。

B2B 1.0 时代：信息服务阶段

1995 年通常被认为是互联网商业应用元年，虽然此前已经有部分上线的商业企业，但 1995 年基于 WEB 应用的安全协议 SSL（Secure Sockets Layer，安全套接层）由网景公司开发出来，真正让在线交易变得更加安全。中国的互联网商业化也出现于这一时期，www.8848.com、中国黄页、慧聪网、环球资源网等信息黄页平台相继产生，标志着 B2B 1.0 时代的到来。

B2B 1.0 时代是互联网技术与传统贸易的首次结合。当时互联网技术刚刚在中国萌芽，客户端通过传统拨号系统进行网络连接，主要应用于诸如开放式论坛、BBS 讨论区等。这也决定了当时的商品贸易以信息展示为主。

为中小企业提供供求信息是这一阶段的主要特征，它解决了传统贸易中信息不对称、受地域局限大、寻找交易伙伴难的问题，在方便企业的沟通交流、更好匹配交易双方、提升交易效率上产生了质的飞跃。

以 B2B 1.0 时代的典型代表慧聪网为例，它起源于为市场提供供需、代理、招标等信息的线下杂志《慧聪商情广告》。随着互联网的兴起，杂志中的资讯被搬到了线上，并以此建立了 B2B 电子商务信息服务平台——慧聪网。借助积累的杂志、会议、展会等传统信息资源与渠道，慧聪网自创办起就为各行业提供了庞大、及时、集中的行业信息。

这种提供信息展示的商业模式，决定了 B2B 1.0 平台的主要目的是为企业解决信息不对称的问题，盈利模式则是以收取广告费和会员费为主。广告费是通过收费的方式为企业提供的产品和服务进行宣传，通过文字、图片、视频等方式将企业信息刊登于网站上，浏览信息黄页的人都是广告的受众群体。广告费的收取通常按宣传形式（如弹窗、横幅、焦点图等）、内容体量进行计费，按照广告天数收取。会员费则是通过为网站客户提供额外增值服务而收取的费用，虽然网站上大部分功能都是免费的，但平台可以通过提供优先排序、资质认证等各类服务来鼓励中小企业注册成为收费会员，并收取额外的会员费。

B2B 信息服务平台打破了信息在线下传播的区域壁垒，在一定程度上解决了企业贸易间的信息不对称问题。随着互联网在中国的进一步普及和渗透，越来越多的企业意识到互联网为传统行业带来了效率、利润上的突破。进入互联网行业的企业大幅增加，它们开始大规模使用 B2B 平台的各项产品和服务，2003 年慧聪国际资讯有限公司在香港挂牌上市，2007 年阿里巴巴 B2B 业务在香港上市，2008 年前后 B2B 市场首次达到巅峰。

但此时的平台未能真正涉及具体的交易过程，实际业务基本上还是在线下进行的。企业在线上平台对接后，在线下完成资金支付、商品运输、售后服务等一系列工作。由于大多企业都是第一次合作，后续交易得不到保证，这一过程中信任问题逐渐凸显，B2B 发展首次遇到了瓶颈，平台纷纷开始探索新的发展路径。2012 年阿里巴巴 B2B 业务退市，也标志着以信息为载体的 B2B 平台的历史使命基本结束。

B2B 2.0 时代：撮合交易阶段

在 B2B 1.0 时代，B2B 平台提供的都是信息展示的同质化服务，市场竞争非常激烈，平台广告费、会员费的营收效果逐渐下降。更严重的问题是，在平台只提供信息服务时，贸易双方还是选择在线上获取相关信息后，又转至线下进行业务交易，平台在这一关键节点上是没有体现作用的。当卖方供应信息和买方需求信息的有效性存疑时,企业就没有信心在平台上进行交易,信任问题成为当时企业最大的痛点。

为解决买卖双方企业间的信任问题,B2B 平台开始逐渐介入交易流程,基于信息的充分发布和第三方征信为交易双方建立信任感,企业逐渐将贸易移至线上,通过平台来进行货物的交收和资金的收付。这预示着 B2B 2.0 时代的到来。

从经济环境上看,自 2007 年次贷危机发生后,国内外经济发展进程受阻。海外经济受挫后恢复进程缓慢,我国出口贸易受此影响大幅下滑。为了应对经济下行压力,我国采取了宽松的经济刺激政策。在此背景下,以大宗商品为代表的工业产能大幅增加。与此同时,内外需求萎靡,产品过剩严重,供应链变为需求主导型,买方的话语权增强,贸易格局从卖方市场转向买方市场。

在由计划、采购、生产、销售、物流组成的企业供应链闭环中,产品的需求过剩向上游传递,造成了以大宗商品为代表的原材料产品及产能的过剩。此时,仅仅依靠信息撮合已经很难实现商品的销售。B2B 开始逐渐介入贸易,向着更有效的交易平台迈进,提供更多的撮合服务,并以人工干预来辅助交易。平台结合交易双方的需求,利用线上低成本的撮合方式,充当交易中介和销售服务的角色,为贸易提供了更加优质的服务。

与此同时,互联网技术的发展也为 B2B 平台介入交易提供了合适的方式。电子商务结算体系不断丰富,"支付宝"等 B2C(business to customer)商务模式的第三方支付平台面世并迅速渗透,企业受此影响,也逐渐开始接受线上交易保障体系,接受资金在网上流转。资金流的线上化是这一阶段 B2B 平台的重要特征,继 B2B 1.0 时代将信息流线上化后,资金流也开始线上化,与信息流进行融合。

除此之外,B2B 平台还可以为企业提供信用担保等各类服务。正因为交易的线上化，此时的平台可以积累大量的交易数据。通过平台上供需数量的动态变化，可以预测未来的供求信息，并以此作为商品的定价参考。目前很多大宗商品网站如"上海有色""上海钢联"上的成交价格，都成了现货市场上商品价格的风向标。

以钢材交易为例，传统的钢材交易市场中，钢铁企业规模大、实力雄厚，小的买方企业在交易中很难进行议价，甚至小的订单都很难成交。B2B 平台"找钢网"将平台上的买方商家汇集起来，实时地为它们匹配需求。买方只要在平台上提出需求，很快就能以合理的价格和数量成交，交易流程简化，交易速度提升。

2013 年开始出现的以"找"字辈①为代表的人工撮合型平台，是 B2B 2.0 时代的典型代表。B2B 平台充当辅助和干预交易的角色，从完成的交易中抽取佣金来实现盈利。在这个阶段，平台交易的商品主要是大宗原材料，交易流水巨大，因此也得到了资本的青睐和大力推动，众多平台迅速发展，规模逐渐壮大。

但不可否认的是，无论是在 B2B 1.0 时代还是在 B2B 2.0 时代，平台上主要都是卖方思维，提供的是营销类的服务，商品交换没有实现闭环，仓储、物流等业务依旧与线上平台脱离。从撮合交易向提供产业链的全流程服务迈进，标志着 B2B 3.0 时代的到来。

B2B 3.0 时代：融合生态阶段

随着线上交易的不断发展，线下交易受到了持续的冲击，营收规模、客户数量、交易黏性都有所降低。但是，线下成熟的供应链渠道所

---

① "找"字辈在业内是指名称中有"找"字的 B2B 平台，如"找钢网""找油网""找棉网""找塑料网"等。

提供的包括物流、仓储、金融等一系列服务也拥有着线上平台无法取代的优势。在此背景下,B2B 企业开始尝试将线下的服务体系逐渐整合到线上来,以提高自身的竞争力和综合实力,实现平台的转型升级。

在 B2B 2.0 时代,企业介入的依旧只是交易的环节,线下整条供应链渠道依旧未能被打通。很多企业只是通过 B2B 平台收集供求信息、在网上进行资金的交付,物流、金融、仓储、供应链等环节依旧在线下进行。随着互联网技术的发展,企业对平台提供综合性服务的要求越来越高,它们希望可以在平台上实现资金的融通、货物的仓储、物流的配送,甚至是将供应商、分销商、零售商连接成一个整体的功能结构,实现整条供应链渠道的打通。

自 2015 年始,中国 B2B 电子商务平台开始向综合性、多样性的服务进行延伸。B2B 企业可以为买家匹配合适的商品,并提供合适的融资服务,无须再通过其他的金融平台;同时,也可以为卖家提供仓储平台和合适的物流方式,物流企业可以直接去平台提供的仓储平台提货,将货物直接运送到买方仓库,卖方甚至无须参与货物的运输和转移过程。相对于 B2B 2.0 时代企业将信息流和资金流相融合,该阶段将物流服务纳入其中,初步实现"三流"(信息流、资金流、物流)的融合,标志着 B2B 3.0 时代的到来。

以客户颗粒度最小的白糖品种为例,上游供应商为制糖企业、贸易商,地理位置相对比较集中,主要分布在广西、云南、广东,生产商总数百余家,贸易商几百家,供应规模大到上百万吨,小到几百吨。它们的需求是价格发现和快速销售并回笼资金。从下游的采购商维度来看,有大 B(一级经销商、大型用糖企业、糖果公司、饮品公司等)、中 B(二、三级经销商,食品加工企业)、小 B(粮油铺、中央厨房、超市等)、小小 B(奶茶店、甜品店、快餐店等),它们多数以价格优、品质好作为决策的依据。

这种上游集中、下游分散的局面,需要 B2B 平台设计的产品能响应农产品在产销时空、客户大小、产品标准等维度上的错配。以卓尔智联旗下的中农网为例,它创建的"平台＋自营＋供应链"的商业模式,以 B2B 平台为载体,为客户提供集成信息、担保、结算、融资、质检、仓储、物流、报关等线上及线下配套服务,同时将更好的合作伙伴、更好的价格接入平台,由合作伙伴来完成服务或产品的某些组成部分,从而实现多赢。中农网既为客户解决了错配问题,也为客户实现了销售的产品增值,节约了采购成本。

另外,得益于云计算和大数据的技术发展与应用,B2B 3.0 时代平台开始大量地积累数据,包括交易双方的企业信息、信用记录、交易物流信息等,平台上沉淀了大量的行业级信息。通过数据分析工具的应用,这些信息可以渗透产业上、下游,从而对行业整条供应链进行深入的剖析和整合,促进采购、生产、销售整个闭环的高效运转。在打通整条产业链的背景下,B2B 企业可以利用大数据挖掘各端参与者的偏好,更好地为客户提供各类服务。

卓尔智联是 B2B 3.0 时代领先的实践者。2015 年年末,依托于汉口北实体市场的交易、客户、物流基础等优势,卓尔智联陆续推出"卓尔购""卓尔金服""卓集送""卓贸通""卓易通"等交易平台与服务工具,与其旗下的农产品电商"中农网"、化工塑料交易平台"化塑汇"、黑色金属交易平台"卓钢链"、国际贸易平台"CIC"（Commodities Intelligence Center,世界商品智能交易中心）及海鲜交易平台"海上鲜"构成了交易服务生态闭环,为中小企业提供金融、物业、物流、跨境、供应链管理等服务,使平台交易、交易服务更加便捷、智能、高效,帮助中国乃至世界的企业和中小商户降低交易成本。

近几年来,B2B 市场规模依旧保持着高速增长,根据中国电子商务研究中心数据,2018 年中国 B2B 电商交易规模为 22.5 万亿元,同比增长 9.7％。在中国经济持续增长、各类技术相继加以应用的条件下，未来 B2B 平台将持续实现"三流"的深度融合，为交易双方提供全面服务。

B2B 的机理与本质

企业间的商品贸易流程，涉及从原材料的采购，中间品及产成品的生产，商品的仓储、销售，到产品最终由物流系统配送至终端客户等各个环节，参与者包括供应商、制造商、分销商、零售商和终端客户。

B2B 平台的作用和价值是实现对贸易活动的降本增效、对贸易商品的提质减存。B2B 从 1.0 到 3.0 的发展过程中，通过将信息流、物流、资金流逐步线上化，相互融合应用，逐步实现了对贸易活动的优化。

B2B 1.0 时代的平台首先通过信息流的线上化，降低了信息传递的成本，提高了企业沟通交流、需求匹配等的效率。

"信息流是信息的载体，是承载商品流通的工具，同时也是传输单证、指令，并自动流转、实现人事物合一的渠道。"①通俗点说，信息流是在商品采购、生产、销售、配送这一过程中产生的各种信息的集合。

企业需求与采购信息是信息流中的关键环节，B2B 1.0 平台通过信息聚合的方式提供信息服务，打通了企业交易信息流的关键环节，让供

---

① 　Stefansson G. Business-to-business data sharing：A source for integration of supply chains[J]. International Journal of Production Economics，2002，75（1）：135－146.

求信息在企业之间平滑流动,信息传递的成本大大降低。虽然此时企业之间的交易仍然离不开多层经销商,但企业与经销商、经销商与经销商之间获取信息的效率加快,最终使整个链条中的信息流动加快,提升了产业效率。

进入 B2B 2.0 时代,平台开始介入交易。有了第三方平台的介入,双方的交易信用得到提升,在一定程度上遏制了伪劣低质产品的流通,提高了商品品质。另外,随着线上支付技术的发展,资金流也逐渐得以线上化,提高了资金支付的便捷性与安全性。企业进行贸易活动无须再通过当面或线下汇款业务支付和收取资金,便捷程度实现了质的提升。另外,平台通过技术服务来保证资金流的安全流动。平台作为第三方来监管资金,在较大程度上保障了线上企业交易的资金安全,降低了企业自行把控交易风险的投入,提高了贸易效率。

"资金流是在贸易行为中,成员间随着商品实物及其所有权的转移而发生的资金往来流程,包括支付、结账、结算等环节。"[①]资金的加速流动具有财富创造力,商务活动的经济效益是通过资金的运作来体现的。资金的流动效率直接关系着交易的意向、成本和效益,用户支付的款项能不能安全、及时、方便地到达经销商,关系到交易最终能否成功。

但仍需强调的是,时至今日,B2B 线上支付的发展仍未成熟,仍然面临着较多问题,诸如额度问题(即超过一定额度不能线上结算,或者需要审核,导致商务周期延长)、合同问题(银行需要提供必要的银行转账支付凭证)、第三方支付税票主体问题(往来资金如果是由第三方支付,合同、税票无法入账)等仍旧是企业资金流转时面临的痛点。在B2B 2.0 时代,平台通过更精细的撮合交易服务,不仅解决了供给侧改

---

① Haan W J D,Ramey G,Watson J. Liquidity flows and fragility of business enterprises [J]. Journal of Monetary Economics,1999,50(6):1215-1241.

革政策下产能过剩下的积压产品,一批"找字辈"的平台将服务延伸至整条行业链的上、中、下游,通过细致的撮合服务,提高各类大宗商品的消化速度。同时,在买方市场越来越强势的形势下,平台协助卖方深入了解客户需求,真正从生产端匹配了市场需求的产品,提高了运转效率。

B2B 3.0时代平台将物流、仓储、金融等服务从线下移至线上,"三流"中最后的物流是此时平台关注的重要环节。

"物流,是指商品在空间和时间上的位移,包括这个过程中的采购配送、物流性加工、仓储和包装等环节中的流通情况。"①物流的基本宗旨在于满足企业与顾客的物流需求,尽量消除物流过程中各种形式的浪费,追求物流过程的持续改进和创新,降低物流成本,提高物流效率。

实际上,货物在地域之间的流通效率往往是跟所处时代的交通环境息息相关的,其效率不能直接受B2B平台控制。然而物流中的许多环节及其涉的信息、资金流动可以由B2B平台助力加以提升。此时有实力的B2B平台往往有线下仓储,为企业提供仓储服务;同时,根据仓储货物价值为企业提供贷款;最后根据货物特征,快速为企业找到需求方。"供应链金融"和"融合生态"是这一时代的关键词,"供应链金融"是指根据在平台交易的上下游企业特征,结合企业历史交易数据与信用情况,为它们提供及时、高效、风险可控的金融服务;"融合生态"是指平台为企业提供全方位的服务,区别于"供应链金融",这样的服务包括信息流、物流、资金流中的各个方面。只有具有一定规模的B2B平台才可以完成这样的服务,它需要B2B平台中的交易量达到很大规模并形成一定的账期,有较多的数据积累,同时对技术的要求也更高。

B2B发展至3.0时代,大小平台林立的情况发生了变化,无法真正

---

① 傅铅生,刘莉莉.电子商务下的现代物流[J].软科学,2003(1):18—21.

为企业交易提升效率的小平台被清理出局。不同行业之间的企业交易方式有较大差别,大而化之的 B2B 平台逐渐式微,因为这样的平台无法为企业提供深入服务;而在某个垂直领域内,企业对于综合服务的需求也越来越高,因此各个行业中往往只有头部平台还在继续。至此,B2B 行业形成了这样的一个格局:多个行业产生了业内知名的 B2B 平台,这些平台逐步为企业提供全生态的服务;而新的、规模较大的综合型 B2B 平台,因为交易服务生态的成功构建而逐渐浮现。

从 B2B 1.0 到 B2B 3.0 时代,致力于解决企业交易痛点,平台逐渐完成了转型升级,实现了信息流、资金流、物流的"三流融合",在供需匹配、贸易执行、货物转移等全环节实现了对供应链的降本、增效、提质、减存。未来新技术的产生将会进一步重塑企业的线上交易模式,但无论企业线上交易模式怎么变化,B2B 平台致力于供应链优化的本质不会也不能改变。

新技术新浪潮推动商品贸易迈入新时代

2017 年 10 月 18 日,党的十九大报告中指出,建设现代化经济体系,必须把发展经济的着力点放在实体经济上,把提高供给体系质量作为主攻方向,显著增强我国经济质量优势。加快建设制造强国,加快发展先进制造业,推动互联网、大数据、人工智能和实体经济深度融合,在中高端消费、创新引领、绿色低碳、共享经济、现代供应链、人力资本服务等领域培育新增长点,形成新动能。

"供需错位"已成为阻挡我国经济持续增长的最大路障。一方面,过剩的产能已成为制约经济转型的一大包袱；另一方面，我国的供给侧与需求侧严重不配套，总体上是中低端产品过剩，高端产品供给不足。除了供需关系，我国产业经济还面临着产业结构、区域结构、要素投入结构、经济增长动力结构不合理等结构性问题。

国家对宏观经济发展做出的新规划与路径，对产业经济、企业贸易提出的新期望，推出的一系列改革政策，聚焦于以下改革目标：降低企业融资成本；增强金融对实体经济支撑能力；进一步简政放权，助力创业创新；搞活微观经济，增强企业竞争力；减轻企业税费负担。

这些政策信号的释放表明产业经济将走向一个新的时代。为解决一些地区、一些领域的发展不足、不平衡问题，国家希望经济发展动力呈现新的变化，即从产业、企业、制造业等领域入手，以新兴科学技术应用为先导，激发微观主体活力，探索出一条不同的高质量发展道路。

这条道路的关键词包括：结构调整、产业转移、中国制造 2025、工业 4.0、创新驱动等。结构调整指的是改变现有的经济结构状况，使之合理化、完善化，进一步适应生产力发展的过程；产业转移是指将企业产品生产的部分或全部由原生产地转移到其他地区；"中国制造 2025"是把我国建设成为引领世界制造业发展的制造强国的行动纲领；工业 4.0 是指提升制造业的智能化水平，建立具有极高适应性、资源配制效率的智慧工厂，在商业流程及价值流程中整合客户及商业伙伴；创新驱动指的是中国未来的发展要靠科技创新驱动，而不是传统的劳动力及资源能源驱动。这些名词描绘了一个美好的场景：依照科技创新及工业制造相关技术的发展，中国的制造业达到高度智能化水平，而且通过产业转移，制造业实现均衡分布，社会整体经济结构得以改良与完善。

这一切的共性均在于社会资源配置效率与产业效率的提升，而 B2B 平台的本质、目标与之不谋而合。在产业经济互联网化、智能化的道路上，在企业供应链条中承担重要作用的 B2B 平台，是不可逾越的基础性设施,也是构筑现代化经济体系的组成部分之一。国家经济结构调整、产业升级的目标,是 B2B 行业面对的机遇与挑战,更是 B2B 平台此刻应该承担的历史责任。

2018 年 7 月 25 日,习近平总书记在金砖国家工商论坛上的讲话中指出,未来 10 年,将是世界经济新旧动能转换的关键 10 年。人工智能、大数据、量子信息、生物技术等新一轮科技革命和产业变革正在积聚力量,催生大量新产业、新业态、新模式,给全球发展和人类生产生活带来翻天覆地的变化。我们要抓住这个重大机遇,推动新兴市场国家和发展中国家实现跨越式发展。

正是因为顺应时代发展,响应传统产业经济互联网化、智能化转型升级的呼唤,随着区块链、物联网、大数据、人工智能等新一波科技浪潮的迅猛发展及新技术的融合应用,B2B 产业再度迭代演进到全新的历史阶段。

区块链是利用块链式数据结构来验证与存储数据、利用分布式节点共识算法来生成和更新数据、利用智能合约来编程和操作数据的一种分布式基础架构与计算方式。区块链作为一种分布式账本,主要用途在于建立承载信用的平台,与以服务企业交易为主的 B2B 平台有着重要的相通之处——B2B 是通过信息中介的方式达到"消除信息不对称"的目的,而区块链不可篡改、可追溯等特性对于信用体系的建立有着非常大的优势,其天然特征注定它将服务于产业经济,与 B2B 场景结下不解之缘。

物联网是在工业 4.0 与智能制造中重点使用的技术,工业物联网将仓储、物流以及生产等整个工业过程互联网化,在运输、生产设备之间进行高可靠性、低时延的互联互通,将工业与互联网在设计、研发、制造、营销、服务等各个阶段进行充分融合,并对工业大数据进行采集和处理,最终实现智能制造。

大数据与人工智能的应用范围很广，也将成为 B2B 行业的关键技术。事实上，相较于个人信息收集与处理中大量的无效信息，B2B 平台收集的行业与产业信息能够挖掘出较大的价值，最直接的应用就是企业信用体系的建立。而企业信用体系的建立需要依靠多个数据来源、不同评价维度的数据，多源异构大数据的处理与分析将是产业经济大数据应用的难点，也是未来的突破点与发展方向。这些技术的进展为 B2B 平台的未来发展打下了坚实基础。

优化供应链效率一直都是 B2B 平台的目标。此前平台更加关注的是企业交易效率，是企业交易中信息流、物流、资金流活动效率的提升，而随着时代进步和技术发展，B2B 显然还将发挥更多效能。

首先是打通企业内外信息流动，全面提升企业管理效率。区别于企业办公系统的信息化，B2B 系统的对接是对企业采购决策与交易行为的全面信息化，这是未来 B2B 平台面向企业交易服务中所应做到的基础服务。

其次是大幅提升企业决策效率，催化智能制造升级。B2B 平台凭借多年的行业数据、企业交易数据积累，利用大数据结合深度学习等分析方法，能够为企业提供市场预测、智能分析等数据分析及决策参考服务。此外，B2B 平台用户在企业内外信息流动的过程中，每个业务节点都会和 B2B 平台及 B2B 应用服务产生对接。从个性化物流、仓储服务出发，广泛采用物联网技术的 B2B 平台将使服务触角从采购、流通延伸、进阶至上游环节，为企业弹性生产提供更多柔性服务，帮助企业更灵敏地应对市场快速变化，成为企业实现智能化制造的重要环节和手段。这与国家倡导的"智能＋""工业 4.0"等战略方向十分契合。

提升产业尤其是商业贸易效率同样是 B2B 平台的目标，而其中最重要的突破点是解决企业间协作的信任问题。作为企业合作中的关键问题，信任问题从来都没有得到完美的系统解决方案，这使在企业间的信任仅停留在非常基础的级别，增大了社会交易成本。未来 B2B 平台在助力产业效率的提升时，最需要做的一件事就是：建立高度信任、快速响应的企业交易机制。

B2B 平台通过区块链技术建立可信的信用体系，设计一定的激励机制，将平台中参与交易的企业尽可能地连接在一起，通过建立共识机制形成联盟，不断地扩充，让更多的企业都参与到平台价值网中。由 B2B 平台引导建立的这一信任体系，通过数据服务来引导和保证企业之间实现信任与合作。一个以区块链技术为底层，连接各类交易平台及各种服务模块，提供全生态服务的大型 B2B 平台，将能够通过真实交易数据对企业进行精准画像，并以此为据为企业提供精确的金融服务。企业放心地选择交易对象，安全地进行交易，通过大数据与人工智能实现科学决策，企业价值将在这样的生态网络中发挥至极致，最终实现交易平滑至简、要素无界流动，商品贸易迈入全新的发展阶段，这就是正在款款走来的 B2B 4.0 时代，一个智能互信的新贸易时代。

第二章

B2B 1.0：

以信息服务为核心

　　1989 年，英国一位科学家向上级提交了一份优化单位信息系统的提案。上司回复："不够清楚，但还蛮有趣。"此后一年，这位科学家将这份"不够清楚"的提案修改成型。这个模型最终改变了人们工作和生活的模式，更重塑了人类延续千年的商业模式。

　　这个模型正是由英国科学家蒂姆·伯纳斯-李（Tim Berners-Lee）创立的 WWW——万维网（World Wide Web，WWW）。①

　　在伯纳斯·李创建万维网之时，中国商业贸易方式正从农业时代的口口相传，向工业时代的电报电话转变，商业信息的展示方式主要为报纸、电台、展会等。在此背景下，一件商品需要经由"上游企业（生产商、制造商、内容商）—全国总代理—省级代理—城市代理—二批商—零批商—零售商—终端用户"的漫长历程，才能抵达分散各地的消费者。

　　20 世纪末，贝索斯在美国创建亚马逊，开启互联网电子商务先河之时，中国互联网仍处于萌芽状态。31 岁的杭州英语教师马云在其首次美国之行中，偶然接触到互联网，并敏锐地意识到了 B2B 的潜在机会。

　　阿里巴巴的前身"中国黄页"自此诞生。www.8848.com、郭凡生的慧聪网、韩礼士的环球资源网、童家威的美商网、曾强的实华开网等 B2B 信息黄页平台相继产生。

　　这些平台以广告收入、会员收入为盈利增长引擎。它们的出现，促使商业信息的承载量从报纸期刊时代的几百条增至上万条，信息的地域维度由当地一跃扩展至全国乃至全球，冗长的商业链条优化为全国总代理—一级代理商—二级代理商—零批商—零售商—终端用户。

---

　　①　[英]蒂姆·伯纳斯-李，马克·菲谢蒂.编织万维网：万维网之父谈万维网的原初设计与最终命运[M].张宇宏，萧风，译.上海：上海译文出版社，1999.

在这样一个以信息展示为核心的 B2B 1.0 时代，人们进入全新的"在线浏览，离线交易"的商业模式。

互联网技术打破 B2B 信息壁垒

千百年来，商品贸易方式、物流运输形态伴随着社会的发展和技术的进步一次次发生着质变，然而无论是在中国还是西方世界，商品贸易的信息交流方式却始终没有大的变化：无论是农业时代的口口相传，还是工业时代的报纸、电话、传真等，信息交流在效率上有很大进步，但是交流模式始终处于点对点的简单状态，无法实现企业间信息的同步、实时共享。特别是在 20 世纪后期，改革开放如火如荼地开展，贸易体量也在不断扩大，走出多年计划经济体制的企业发现自身对市场、对客户甚至对自己的竞争对手都非常陌生，企业迫切需要获取更多的采购信息，也希望有更多的渠道把自己的产品推向更广阔的市场。然而与此相对应的却是冗长的供应链条，包括上游企业（生产商、制造商、内容商）—全国总代理—省级代理—城市代理—二批商—零批商—零售商—终端用户，中间环节众多，信息不对称的现象非常普遍，点对点的信息交流模式已经远远不能满足企业的发展需要。在这样的社会背景下，寻找更高效的企业间信息交换模式刻不容缓，互联网技术的发展与应用使这一切成为可能。

可以说"万维网"的出现，标志着信息时代的到来，人类的信息传播与交流方式被彻底改变。万维网第一次带来了一种叫作超媒体的内容形态，可以在 TCP/IP（传输控制协议/因特网互联协议）协议之上传输，可以包含文字、音频、视频,可以在不同网站间相互链接,是一种全新的信息表达方式。随着浏览器的出现,网站这种信息组织方式开始井喷式地出现,无限多的网页和无止境的超链接使全世界的信息第一次聚合在一起并相互联系,搜索引擎等技术的不断发展使得人类搜寻、查找信息的能力变得前所未有的高效和快捷。

20世纪末,互联网及其相关技术在全球飞速发展。互联网由于具有经济性、实时性、强大的信息承载能力的特征,逐步被发掘、应用于商务活动。贝索斯创建的亚马逊作为第一个网上书店,开启了利用互联网进行商务活动的先河。随后,互联网应用如雨后春笋般迅速普及到各行各业、各个角落,在世界上兴起了一场伟大的技术革命和产业革命,即"通过电子方式,在网络基础上实现物质、人员过程的协调,以便商业交换活动",或是"利用现有的计算机硬件设备、软件和网络基础设施,通过一定的协议连接起来的电子网络环境进行各种各样商务活动的形式",这就是作为"新经济"重要组成部分的电子商务(E-Commerce)。①

B2B作为重要的电子商务模式最早出现在美国,20世纪90年代后期,美国的互联网公司市值总和已经突破万亿美元,从技术、标准、投资理念再到商业模式探索,美国的B2B发展都是一马当先。彼时,我国的互联网市场和B2B商业模式仍然处在萌芽阶段。1995年,阿里巴巴的前身"中国黄页"正式上线,这是中国第一个互联网商业信息发布网站,企业用户可以在网站上发布自己的网站、主营产品、公司介绍、联系信息等,进行产品和店铺的宣传,也可发布供求信息、招聘信息等;求职者也能通过搜索功能找到合适的工作岗位。此后,1999年5月18日,我国第一家电子商务网站www.8848.com成立,被称为"中国电子商务领头羊",推进

---

① 王志章.2001:我国B2B电子商务发展现状及社会生态环境分析[J].情报科学,2002,20(6):669-672.

了中国电子商务的进程；1999 年 9 月，阿里巴巴在杭州创立，推进了中小企业电子商务的发展；传统媒体也纷纷拓展电商业务，环球资源公司积极转型，开创了环球资源网；慧聪公司上线了慧聪网，成为国内 B2B 服务业首家上市公司。

以阿里巴巴、慧聪网、环球资源网、美商网、实华开网等 B2B 信息黄页网站为代表的这一时期，被认为是中国 B2B 的 1.0 时代。它们运用互联网经济性、实时性的特点，以解决信息不对称为目的，分行业进行免费或付费的企业产品信息展示。

可以说，B2B 1.0 实现了交易信息的初步互联网化，企业双方通过网页浏览商业信息，在线下达成交易。

"在线浏览，离线交易"，重塑商业模式

B2B 1.0 兴起于 2000 年前后，以中国黄页、环球资源网、慧聪网等平台的出现为标志。该时期 B2B 平台以网站的形式提供信息黄页功能，盈利模式为会员费和广告费，是企业获取商品信息的在线平台。网站往往涉及众多产品，在不同频道进行商品信息的展示。买卖双方有着松散的供求关系，企业间的联系并不紧密，商务模式多为"在线浏览，离线交易"。此外，还有一种以中国化工网为代表的网站类型，它们关注特定行业，相当于"网上博览会"的垂直集市。

B2B 1.0 时代在我国的电子商务发展历程中具有里程碑式的意义，也对后来的 B2C、C2C、O2O 等电商模式的产生有着深远的影响。

总结而言，B2B 1.0 时代有以下几个突出特点。

信息聚合是主要价值

B2B 1.0 的核心价值在于，通过一个集中的互联网平台实现了海量企业信息的聚合。B2B 平台成为全行业的中心：一方面，平台承载的信息量从报纸期刊的几百条变成了上万条，企业的信息搜寻成本大幅降低；另一方面，过去以展会、博览会等形成的零散的点对点或小规模多对多信息交换模式，在 B2B 平台中变成了广泛的任意点对点的信息交换模式，有效减少了中间方的参与，卖方可以从平台中全面了解买方市场需求，买方也可以直接获得多渠道、多源头的供应信息，在一定程度上促进了企业供需双方交易的达成。

从价值链的角度来看，在 B2B 1.0 时代，平台通过对信息进行聚合、组织、选择、合成和分配，创造了新的价值。1985 年迈克尔·波特在其《竞争优势》一书中提出，企业的价值创造是通过一系列活动构成的，这些活动可分为基本活动和辅助活动两类，基本活动包括内部后勤、生产作业、外部后勤、市场和销售、服务等；而辅助活动则包括采购、技术开发、人力资源管理和企业基础设施等。这些互不相同但又相互关联的生产经营活动，构成了一个创造价值的动态过程，即价值链。[①] 价值链中存在着三个流：物流、资金流及信息流（如图 2-1 所示）。通常情况下，物流一般从上游向下游流动，资金流从下游向上游流动。而信息流的流动则是双向的：需求信息流自下而上流动，供应信息流自上而下流动，即订单是从用户向供应商移动，而订单收到

---

① ［美］迈克尔·波特.竞争优势［M］.陈丽芳译.北京：中信出版社，2014.

通知、货运通知和发票则是以相反的方向流动。① 纸媒时代,信息的双向流动受到时空限制,经销商只能看到自己城市的信息,并且往往是滞后性的信息,供应商甚至完全无法获得目标客户的信息,正因此,传统价值链中信息仅仅被看作一系列价值增值活动中的支持元素,其本身不是价值的来源。到了 B2B 1.0 时代,双方企业能够看到全国乃至全世界的实时信息,过去获取目标商品或目标客户信息可能需要几十、几百个电话,花费数天都不一定能完成,通过 B2B 平台只需要动动鼠标即可实现,提升交易效率,减少交易环节,将产业链条缩短优化为全国总代理——一级代理商—二级代理商—零批商—零售商—终端用户。

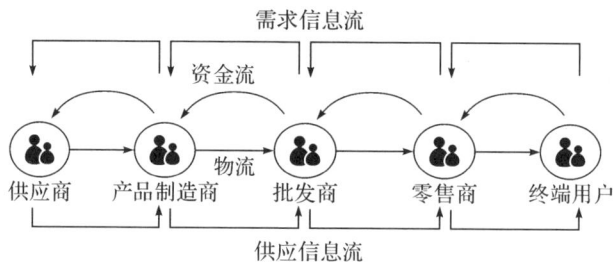

图 2-1　价值链中的物流、资金流与信息流

早期的阿里巴巴专注于打造企业的信息黄页平台,通过免费会员制吸引中小企业的参与,将企业登录的信息整合分类,形成网站独具特色的频道或栏目,使企业用户迅速定位所需的信息。仅仅用了几年时间,阿里巴巴会员数目就达到 73 万,每月页面浏览量超过 4500 万次,信息库存买卖类商业机会信息达 50 万条。阿里巴巴还针对不同国家采用当地语言建设网站,将各国市场有机地融为一体,形成汇集全球上百个国家(地区)的商业信息和个性化的商人社区。

---

① 奚伟,荣芳.从价值链角度分析 B2B 和 B2C 电子商务模式——兼谈我国企业的电子商务发展策略[J].清华大学学报(哲学社会科学版),2000(4):72—76.

以广告费和会员费为主要盈利模式

B2B 电子商务的盈利模式是指从事 B2B 电子商务活动的企业如何从中获得经济效益。在 B2B 1.0 时代,B2B 平台为企业提供的主要是信息聚合与展示服务,所以平台的盈利模式往往围绕信息服务展开,本质上是利用信息不对称来盈利。比如设置信息查询门槛,为企业进行网站推广(如关键词搜索、橱窗推荐等),会员费和广告费成为这个时期 B2B 平台主要的盈利模式。

会员费也就是会员制服务收费,企业可以注册成为 B2B 网站的免费会员,也可以每年交纳一定的会员费,以享受平台提供的增值服务,如优先排序、资质认证等。这种企业按年支付的会员费占据了 B2B 平台收入的绝大部分。比如早期的阿里巴巴网站收取中国供应商、诚信通两种会员费。中国供应商服务主要面对出口型的企业,依托网上贸易社区,向国际上通过电子商务进行采购的客商,推荐中国的出口供应商,从而帮助出口供应商获得国际订单,即帮助全球买家及卖家达成国际贸易合作,建立英文网址,让全球 240 多个国家和地区的 3200 万家商人会员在线浏览企业信息,会员费是 6 万~8 万元/年。诚信通是阿里巴巴为从事中国国内贸易的中小企业推出的会员制网上贸易服务,即为中小企业提供更多生意机会,开拓生意渠道,创新营销方法。诚信通会员服务针对的是国内贸易,通过向注册会员出示第三方对其的评估,以及在阿里巴巴的交易诚信记录,帮助会员获得采购方的信任。诚信通分为企业版诚信通和个人版诚信通两种,企业会员费为 2800 元/年,个人会员费为 2300 元/年。中国供应商及诚信通会员除了容易获得买家信赖外,还拥有企业信息的优先发布权,帮助客户更快找到企业。除了付费的中国供应商和诚信通会员外,阿里巴巴上还活跃着数千万家免费的中国商户和海外商户。

广告费是 B2B 平台的另一个主要盈利来源。网络广告是指广告主利用一些受众密集或有特征的网站以图片、文字、动画、视频或者与网站内容相结合的方式传播自身的商业信息,并设置链接到某目的网页的过程。与其他媒体相比,网络广告具有传播范围广、针对性强和价格低廉等优点。慧聪网的网络广告收费,按照文字链接广告、行业资讯、按钮广告、横幅广告、通栏广告、弹出广告、流媒体广告、全屏广告、焦点图广告、弹出页广告等类型有不同报价。

以对外贸易为主要应用场景

改革开放以来,大力发展对外贸易,成为中国加快现代化建设、改变落后面貌、促进经济发展和提高综合国力的重要途径。2001 年 12 月,中国正式成为世界贸易组织(WTO)成员,这是中国改革开放道路上的里程碑,表明中国经济发展与市场化改革的成果为国际社会所认可,也标志着国际通行的经贸规则与法治在中国市场的确立与发展。①随着中国对外开放程度的不断加深及经济全球化的深入影响,我国对外贸易实现了跨越式的发展。

早期,传统外贸企业的经营洽谈方式主要有两种渠道,一是展会,二是通过电话和邮件的方式确定订单,再经国际银行汇款完成交易,成本高,效率低。而在 B2B 1.0 时代,互联网作为全球性的网络,国际化的进出口贸易与其相连,具有某种必然性。并且,在国内支付、

---

① 盛斌,钱学锋,黄玖立,等.入世十年转型:中国对外贸易发展的回顾与前瞻[J].国际经济评论,2011(5):84-101.

配送系统不完善的情况下，以外贸为主的 B2B 相对以内贸为主的 B2B 也具有更多优势。对于国际贸易的 B2B 来说，货款支付一般采用信用证方式，这种方式实际是在银行之间发生，而且是凭单据支付，买卖双方只需在网络上解决单据传输的确认，并由付款行见单即付，相对个别企业的支付在信用上有较大的保证。同时在物流配送上，进出口货物的运输长期以来都是由国际运输公司来完成的，发展已相对成熟。在此背景下，新兴而生的 B2B 平台多将业务范畴瞄准从事对外贸易的相关企业。以成立之初的阿里巴巴为例，其主要业务是提供小额国际贸易的信息平台，促成国内出口企业与国外进口企业的业务对接。

通过互联网这一渠道，国内外企业可获得全球市场范围的产品及公司信息，极大地提升了沟通效率。尤其是对于国内的中小企业来说，B2B 平台帮助企业用更低的成本进入国际市场参与竞争。

B2B 1.0 的典型实践

在 B2B 1.0 时代，出现了各种类型的电子商务平台，其中典型案例有中国黄页、慧聪网。

中国黄页：互联网时代的"企业通信录"

中国黄页，被视为阿里巴巴得以成功的重要基石，也是马云创建阿里巴巴的灵感源泉。

1995 年，31 岁的大学教师马云开启了人生第一次美国之行。此行,他接触到了互联网。兴奋之余,他检索整个互联网竟发现,没有一条有关中国的信息。他随即做了一个尝试,制作自己翻译社的广告发送上网,两小时后,竟收到了6个分别来自美国、德国和日本的电子邮件。

马云当即意识到互联网是一座金矿。回国后,马云自掏腰包7000元,又向亲戚借了2万元,创建了中国最早的互联网公司之一的海博网络,公司产品正是中国黄页网站。

据说,中国黄页最早的版本是一张中国地图,它由新闻、网站导航、论坛、搜索等部分组成,相对商业价值而言,它的功能更多的是为国外企业提供一扇了解中国与中国贸易商的窗口。

如今,我们可以检索到的中国黄页为1997年的版本(如图2-2所示)。页面顶端是中式的琉璃瓦顶及用篆体书写的"中国黄页"四个大字。除去这个中式的"帽子",所有页面内容均为英文。根据英文介绍,

图2-2　中国黄页早期网站

网站的主要目的是"传播中国新闻和中国商业信息，介绍中国企业、中国工业、中国贸易、中国文化……"

在网站页面的右侧，"水浒传"这一栏目名称与页面整体风格不太统一，但它让人们可以一窥马云的武侠情结。

企业名录的展示也是"中国黄页"的盈利来源所在。彼时，中国黄页的主要业务及营收围绕企业信息展示而展开，具体的做法是企业提交展示信息样本，马云将其寄往美国，在美国做好互联网页面后放到网上，并打印一份给国内企业。

1996年，在互联网并不普及的背景下，马云经历了艰难的推广阶段。

这一年，中国黄页奇迹般地创造了700万元营业收入！也是在这一年，互联网在中国逐渐普及开来。

慧聪网：商情广告走上互联网

慧聪网起源于信息分类杂志《中国商情快报——家用电器》，杂志刊登企业的供应、采购、招标和代理等信息。它开创了中国商情报价广告的先河，被称为"慧聪商情"模式。

当年，为了收集信息，郭凡生带着十几个员工，骑着自行车，穿梭于大街小巷，搜集计算机等经销商的报价信息。有人回忆，要买电器，拿出郭凡生的杂志，就能买到最低价的产品。他也一度被称为"中国分类广告之父"。

1998年，《慧聪商情广告》经国家工商总局批准并允许，在全国发行。次年，在中国互联网兴起的背景之下，已从中国黄页离开的马云创办了阿里巴巴。很多商人与企业看到了做外贸的商机，大批B2B电子商务信息服务提供商如雨后春笋般出现。

郭凡生也深谙商机所在,成为 B2B 电子商务大军中的一员,将杂志搬到了网上,正式创办慧聪网。与阿里巴巴不同,慧聪网拥有雄厚的传统营销渠道——《慧聪商情广告》与中国资讯大全、研究院行业分析报告及各类展会信息。

因此,慧聪网的信息量庞大、及时、集中且针对性强,方便行业厂商与用户查询。多渠道、线上为主线下辅助的全方位服务,使慧聪网成功构建了纵横立体的企业架构,一度成为中国 B2B 行业的典范。

第三章

B2B 2.0:

以撮合交易为核心

"如果错过互联网，与你擦肩而过的不仅是机会，而是整整一个时代。"

随着互联网逐渐普及，中国的互联网用户数于 2008 年超过了固定电话用户数，也是从这一年起，中国网民数跃为全球首位。B2B 逐步进入了深度发展时期，支付、系统流程、第三方监管、法律合规等交易难点和痛点陆续得到解决。通过一系列的技术提升，B2B 在线交易平台初步解决了陌生买卖双方的信任问题，从而也打破了传统线下交易的时空障碍，大幅提高了交易双方的效率。

从市场方面来看，受经济环境的影响，在 2010 年前后，很多产业陷入产能过剩的窘境，商品供过于求，行业由卖方市场转向买方市场，传统的信息展示方式已经不能适应市场的需求。

基于互联网技术的进步和市场的变化，1.0 时代的 B2B 平台试图通过设置信息查询门槛，依靠发布信息，利用信息不对称来盈利的商业模式，以及收取会员费和广告费的模式已渐渐式微，交易双方在线上沟通后，纷纷转向线下完成后续交易，平台的价值也变得非常有限。B2B 平台为了提升自身价值，摆脱依靠信息服务的单一盈利模式，也纷纷参与到交易环节，提供相关的交易服务。于是，以撮合交易模式或自营交易模式为核心的 B2B 2.0 模式，成为 B2B 平台的发展方向。

伴随着平台越来越深入地参与到交易环节，B2B 电商多元化、垂直化运营态势初显，企业通过系统进行供需信息匹配和在线交易，提供交易服务，力图在交易中充当"中介"或"销售员"的角色，撮合交易逐渐成为 B2B 平台的主要盈利来源，宣告了 B2B 2.0 时代的来临。

电子商务高速发展推动 B2B 2.0 时代的到来

从经济角度来看,为了应对 2007 年的次贷危机,中国政府出台了"四万亿"计划以确保增长、扩大内需,直至 2010 年,在"四万亿"计划刺激下,传统产业纷纷加大产能扩大生产;与此同时,海外经济在金融危机后复苏进程缓慢,需求萎靡,导致中国进出口贸易下滑,大量船运公司、货运公司亏损严重。① 在此产能过剩、内外需求不振的经济背景下,很多产业陷入产能过剩的窘境,商品供过于求,行业由卖方市场转向买方市场。在买方市场中,买方企业话语权增强,他们希望以更透明、更高效的方式购买更便宜、更优质的产品和服务,企业能够更有效地采购到需要的商品。② 此时,传统的信息交换和商品贸易方式已经不再适用,多个卖方企业争抢一个买方,所以厂家不得不改变策略,开始精细化的销售和管理,利用 B2B 平台更加全面透明地展示企业信息,将成本高的线下交易转移到线上进行,为交易提供更加优质、更加有保障的服务。

从技术角度来看,首先电子商务的结算体系不断丰富完善,第三方支付与网上银行的普及为企业交易营造了良好且值得信任的在线支付

---

① 卫梦星."四万亿"投资的增长效应分析——"反事实"方法的一个应用[J].当代财经,2012(11):16−25.

② 陈翔,仲伟俊,梅姝娥.买方市场下 B2B 电子商务平台的发展策略研究[J].管理科学学报,2003(2):41−46.

环境。第三方支付等基础设施随着 B2C 的快速渗透,已经基本成熟,数量众多的小"B"商户在 B2C 电商、支付宝等信用担保模式的熏陶之下,逐步接受了网上交易。此外,中国银行、工商银行、建设银行、招商银行等几家银行着力于打造网上银行业务,不断完善线上交易的保障体系,为 B2B 企业大额交易提供信任保障。① 另外,信息门户及搜索引擎的出现将碎片化信息进行整合,为交易双方提供高效精准的撮合服务。QQ 群、论坛等网上社区为企业提供了询价、供需对接的在线场景,但是社区中存在的产品价格、交易信息等都以碎片化的形式存在,对于买方而言搜索及整合的成本过高,信息没有得到有效的利用。通过信息门户集合企业的产品价格信息及交易双方供求信息的 B2B 平台能够有效促进交易双方的高效匹配。

在经济和技术的推动下,B2B 1.0 逐渐升级到 B2B 2.0 模式,B2B 2.0 是对 B2B 1.0 的补充完善,是技术发展的结果。B2B 平台从信息黄页开始,逐渐进入更广阔的市场服务,是中国企业信息化程度的一个侧面反映,B2B 1.0 的历史地位不容置疑。然而,以消除信息不对称为目标的 B2B 1.0 无法深入供应链等主要环节,无法切入交易;此阶段内企业间的电子商务单纯围绕信息流的线上化展开,缺乏对资金流和物流的实践;并且 B2B 1.0 平台仅仅是一个信息展示的平台,没有参与到实际的交易过程中,用户在线上查看企业信息,在线下进行交易活动,导致平台黏性差;社会电子商务技术初步发展,征信难度大,缺乏安全认证机构,一系列的信任问题导致买卖双方无法通过线上完成交易;盈利模式单一,主要依靠广告费、会员费来维持生存,企业运转存在困难。为了解决 B2B 1.0 阶段的各种问题,谋求发展,

① 王志章.我国 B2B 电子商务发展现状及社会生态环境分析[J].情报科学,2002(6):669－672.

B2B 平台开始积极探索下一个阶段服务与收入的支撑点,于是 B2B 进入 2.0 纵深时代——撮合交易阶段。

B2B 2.0 阶段基于互联网的发展优势,对信息服务进行优化,介入在线交易,将信息流与资金流融合,实现交易型商业模式的落地,在延续和加强了 B2B 1.0 阶段所出现的行业垂直化的基础上,平台重点由垂直行业的信息提供转向撮合交易服务,通过系统撮合或人工辅助干预的形式切入交易洽谈环节,提高沟通效率,促成交易达成。

B2B 2.0 时代的特征

围绕"从信息到交易、从交易到服务"的理念,在进入 B2B 2.0 时代后,"撮合交易""自营业务"等模式相继出现,平台掌握的大量交易数据也为供需信息匹配提供了解决方案,企业间支付方式的转变和结算体系的完善促进了资金流的数字化,信息流与资金流开始融合,推动了 B2B 2.0 的飞速发展。

总体来看,B2B 2.0 时代有以下 3 个突出特点。

以撮合交易为核心的商业模式

B2B 1.0 时代通过信息黄页消除了企业交易间的信息不对称问题,而 B2B 2.0 时代的 B2B 平台主要以提供交易服务为主,通过系统撮合或人工干预的方式,帮助买卖双方确定价格,并介入到交易中,形成了按交易金额赚取佣金的盈利模式。① 这种模式以企业之间的在线交易为主,关注商品交易本身,而不是买卖双方的关系,此时的 B2B 平台以第三方综合服务平台为主,通过将市场中有能力的供应商引入到平台中,不断优化服务,提供产品价格和库存等信息,为买家和卖家牵线搭桥。如找钢网通过优化购物环节提升交易速度,实现了快速找货、比价和议价,使撮合交易量迅速攀升;慧聪网推出"推客"产品,首次引入佣金返现模式来帮助企业快速达成交易。在动辄千亿、万亿规模的 B2B 细分市场里,即使微小的佣金比例也为平台带来了巨大的利润想象空间。图 3-1 展示了在 B2B 电商平台进行现货交易的基本流程。

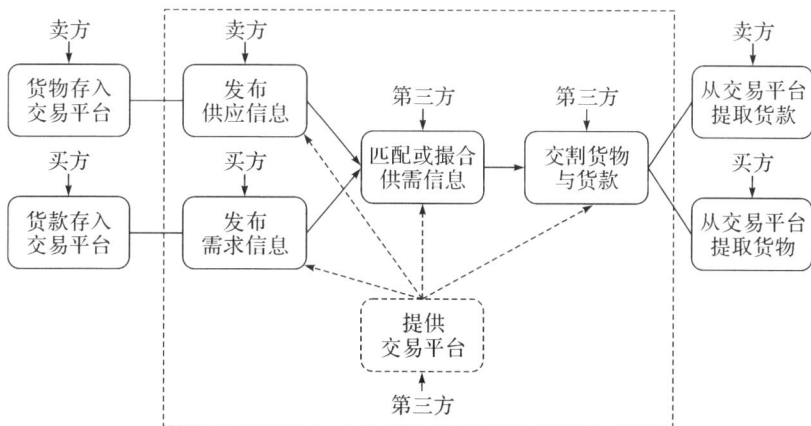

图 3-1　B2B 2.0 电子商务平台现货交易的基本流程②

自营业务是当 B2B 平台流量相对稳定后采取的发展模式,部分平台在进行一段时间的交易撮合后,积累到首批用户群体,开始转向自营

---

① 李松霖,由芙洁,吴佩芸.中国 B2B 电商发展史话[J].互联网经济,2018(5):88—95.

② 李立祥,柴跃廷,刘义.基于交易服务的第三方 B2B 电子商务平台模型[J].清华大学学报(自然科学版),2010,50(4):489—492.

模式。自营业务可以分为联营和纯自营:联营是指与上游工厂签约,将下游需求导入签约工厂,从交易中提取佣金,找钢网正是通过联营业务不断扩大规模,实现了"薄利多销";而纯自营则指平台自己采购,再销售给客户,对于仓储和物流的需求较大,找油网在撮合交易的基础上发展自营业务,在 2016 年第四季度成功实现了盈利。

平台的介入和撮合,能够为企业寻找到性价比高的供应商,充分满足买方需求。与此同时,电子数据交换技术的广泛使用,减少了交易流程中的人为失误,并大大缩短了交易时间,从而节约成本、提高交易效率。

供需信息匹配推动 B2B 2.0 飞速发展

互联网技术的发展和普及将分散的买卖双方集中在一个"虚拟"市场中进行交易,创造了一个有组织的在线交易平台。B2B 2.0 的典型特征是交易型商业模式的运用,并延续和深入了 B2B 1.0 阶段出现的行业垂直化模式。由于 B2B 平台开始介入交易环节,越来越多围绕交易的服务机会开始出现。比如,阿里巴巴上线信保体系,帮助买方迅速完成卖家的筛选。

在传统的工业经济中,交易大多由卖方定价,卖方通过发布产品目录拥有更大的议价能力。[①] B2B 平台通过互联网的互联能力,可以将所有的喊价和报价集中在一起,让信息更加透明化。平台同时掌握了大量实时交易数据,可以提供完整的同类交易价格信息和供求信息,历史价格、成交量和交易记录等过去不可能实现的信息沟通,在这个"虚拟"

①　Dai Q,Kauffman R J. Business Models for Internet-Based B2B Electronic Markets[J]. International Journal of Electronic Commerce,2002,6(4):41—72.

市场中将变得轻而易举。此外,平台提供的丰富的价格信息和供求信息能够使买卖双方随时对供求关系进行预测,在发布订单或购买意向时知悉平台中有多少人想要买或卖。企业还可以将这些信息用于自身的价格发现和定价参考,从而大大提高了市场中的供求匹配效率。

B2B 2.0时代,平台通过介入在线交易,累积了不同类型的数据,可以为平台中的企业用户提供更多更有针对性的衍生服务,其中最具有代表性的公司是科通芯城,通过在交易前后提供信息、物流、金融甚至技术等企业服务,帮助企业用户在市场竞争激烈的环境下生存、成长与发展,平台用户黏度比B2B 1.0阶段也有所提高。

在线支付助推资金流和信息流融合

在线支付的资金流转模式具有成本低、效率高和全球性的特点。[①]B2B在线支付是B2B电子商务实现在线交易的核心环节,通过网络账户转账、汇款等方式,为交易双方带来了便利,解决了"付款与发货的先后顺序"这一难题,也促进了众多第三方交易支付平台的产生。第三方支付是应用较为广泛的在线支付模式,通过延迟支付为交易双方提供信用担保服务,从而降低交易的不确定性和交易风险。[②]

B2B 2.0在信息流数字化的基础上,依靠在线支付实现了资金流的数字化(如图3-2所示),资金流和信息流开始融合。在线支付的普及,大幅提升了资金流的效率;智能手机的逐步普及,让信息流从企业信息

---

① 杨琦峰,沈鑫,宋平,等.B2B在线支付进化系统的信息基因测度模型[J].武汉理工大学学报(信息与管理工程版),2011,33(5):689-693,720.

② 谭龙江.我国中小企业B2B在线支付采纳行为研究[D].重庆:西南财经大学,2012.

进一步细化到了产品信息,为两者的融合提供了基础。相比于 B2B 1.0 阶段提供的简单信息,B2B 2.0 基于"成交"目的进行引导,完善的双方交易记录和资金流为信息流增添了重要的维度,使买卖双方的信息更加对称,进一步体现了"双向选择"的市场规则。

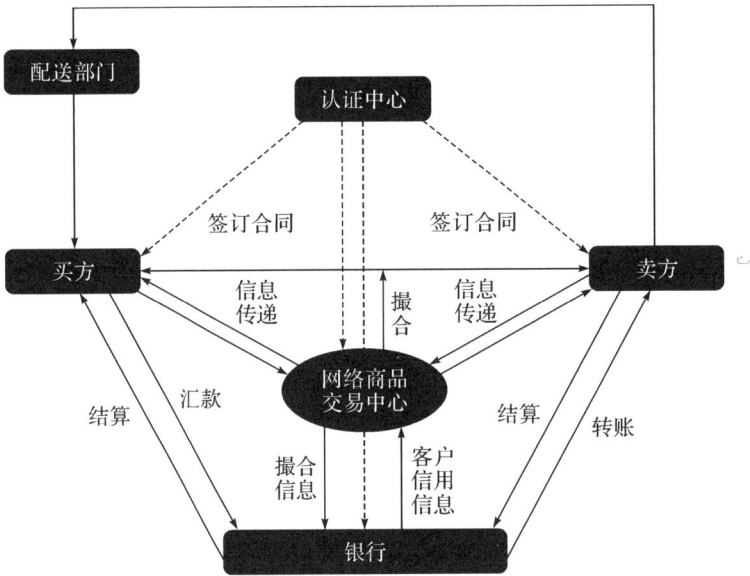

图 3-2 B2B 2.0 阶段的在线支付流程

    总体来看,B2B 2.0 与 B2B 1.0 时代一样,主要以线上交易平台为主,尚未开始在线下布局,也很难调动线下的物流、仓储资源来为交易双方服务。而平台由于自身规模、资本及人才限制,仅能提供撮合交易的"轻量级"服务,在提供纵深的"重量级"服务上则显得力有未逮。这一阶段,B2B 平台掌握的交易信息仍然相当有限,对于交易的执行情况无法跟踪,也就无法形成信息的闭环。信息仍然割裂于买卖双方各自封闭的体系内,难以引入更丰富的第三方服务,充分挖掘双方的信息价值。B2B 2.0 阶段属于过渡阶段,随着产业互联网的成熟和大数据时代的来临,B2B 3.0 阶段会进一步将平台的价值发挥出来。

B2B 2.0 的典型实践

在 B2B 2.0 阶段，各行各业出现了许多垂直细分化的 B2B 平台，下面将通过三个典型案例来进行详细说明。

找钢网：介入钢材交易，助力行业去库存

2012 年年初成立的找钢网，在业内首创撮合交易模式，成为国内各传统领域产业互联网和 B2B 企业的模仿对象，开启了塑料、化纤、棉纺、煤炭等各个垂直领域"找"字辈大爆发的时代。图 3-3 展示了找钢网网站的首页。

找钢网的介入交易发生在钢铁"去产能"的大背景下，通过信息发布、钢厂自营和联营业务等多种方式介入交易。

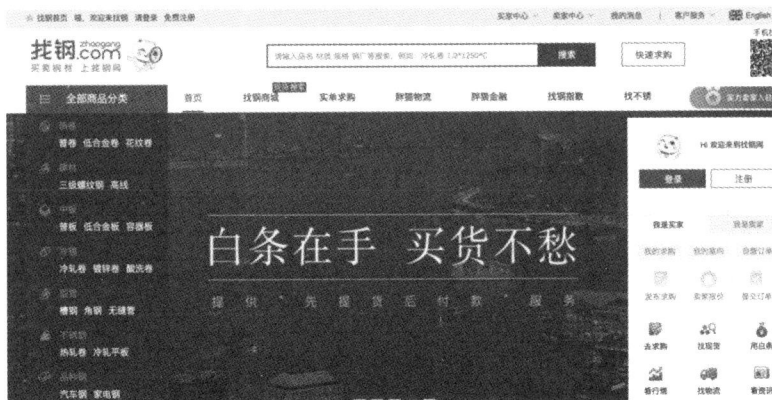

图 3-3　找钢网首页

找钢网首先做了信息发布与免费撮合服务。作为交易平台,找钢网要汇集买家和卖家,让双方在平台实现信息共享。传统钢材交易的环节是:钢厂—大代理商—中间商—零售商(次终端)—终端用户(真正的用钢企业),钢厂和大代理商之间有着长期稳定的合作关系,初创的找钢网难以撼动这层关系,因此,找钢网切入的是30万个钢铁零售商和中间商之间的弱关系,先汇集这批小买家,再以此吸引卖家进入平台。

针对钢铁零售商找货难的刚需,找钢网开发系统处理着上千个卖家信息的每日更新,并在几秒钟内为其匹配符合买家需求的货物。找钢网还把13个购买环节简化为3个环节——提交需求、提交订单、付款,进一步提升了交易速度。零售商找到货之后议价能力很差,找钢网可以把零售商的小订单聚集起来,去和钢厂议价。

接下来,找钢网开拓了钢厂自营与保价代销的业务。免费的撮合交易使找钢网成为行业订单流的入口,在去库存背景下,买方云集的平台对销售困难的钢厂产生了强大吸引力。2013年开始,有钢厂与找钢网合作,找钢网由此推出"找钢商城",开始接入钢厂自营,并以保价代销的模式扩张。到2015年,找钢网的客户已覆盖中国大部分的主流钢厂。

钢厂自营的交易流程为"钢厂—找钢网—零售商(次终端)—终端用户",大代理商环节被取消。钢厂之所以绕过大代理商,主要是大代理商采用一手交钱、一手交货的买断制销售模式,在产能过剩的大背景下,由于钢价持续下跌,造成了代理商亏损,代理商进货意愿下降,加剧了钢厂的库存风险。而找钢网的"保价代销"模式则有利于扩大销售,消化钢厂库存。

"保价代销"模式下,找钢网以钢厂当天的出厂价把货接过来独家销售,并付全款付给钢厂,但是不结算。然后找钢网开始分批卖货,每天卖一部分,每天的售价是由钢厂根据销售进度定的,找钢网在钢厂定价基础上加价约 1% 的佣金进行销售。每天双方对一遍账单,月底根据实际售价结算一次。

"保价代销"模式面对价格快速波动的市场,做大了销售规模,又不承担价格风险,还只赚少量佣金,消灭了囤货博差价的原始动机,找钢网的利益就和钢厂、零售商达成了一致,且规模可以不断放大,因此迅速做了起来。

此外,找钢网还推出了贸易商联营钢厂自营模式。由于贸易商在行业中占据重要比例,与其对立,不如与之合作。在钢厂自营达到一定规模后,贸易商也开始进入找钢网平台。2013 年下半年,找钢商城推出了类似天猫开放平台的联营业务。

找油网:打通成品油民营链条

找油网是一家石油细分领域 B2B 电商平台,成立初衷是将炼油厂与加油站对价,减少中间层级,降低成品油价格。

找油网搭建了一个面向石油产品交易客户的线上交易平台,买卖双方都可以在"找油"上发布产品及求购信息,完成快速对接。同时,还可以通过网站浏览行业相关资讯。图 3-4 展示了找油网的找油商城。

从石油炼化到成品油销售,存在着很多中间层级。尽管国际原油价格持续下跌,但成品油价格一直偏高,从石油炼化到消费者手中,毛利率高时可达到 40%,平时也在 20% 以上。而石油上游原来一直集中在"三桶油"手中,但随着 2015 年国家鼓励符合条件的原油加工企业进口和加工原油,原来的产业格局发生了变化,为找油网提供了很大的机会空间。

图 3-4　找油网的找油商城

从上游来看,价格不断下跌,地方炼油厂增多,目前地方炼油厂已经达到原油加工企业的 30%;从下游来看,原来很多民营企业因为买不到油,不得不把加油站租给中国石油、中国石化,但随着租赁到期,大部分企业都把加油站收回自己经营,目前,民营加油站已经同国营加油站的数量相当。找油网 CEO 吕健判断,这种现象在 2020 年还会大量出现。

找油网以石油的撮合交易为主,并拓展到在线商城、危险品运输及小微金融等各方面,形成全产业链服务。此外,找油网投资了一个天使轮项目"找罐车",解决危险品运输的"最后一千米"难题。目前找油网已推出找油商城、我要加油、找油物流等业务。

科通芯城:IC 元器件"一站式"电商平台

中国的 IC 元器件市场规模约为 2 万亿元,其中大概有 60%的需求是来自 3000 家大企业，如华为、小米、中兴；另外 40％ 的需求来自几百万家中小企业。大企业可以轻而易举地通过大经销商、代理商采购，而数量庞大的中小型企业，由于单体采购量小，加之地域分散，只能到华强北这样的大型集散中心采购，它们无法享受规模采购的价格优惠，还要面临买不到正品的风险。

有痛点就有机会，2011 年，中国首家面向中小企业的 IC 元器件 B2B 自营电商平台科通芯城上线。图 3-5 为科通芯城的网站首页。

图 3-5　科通芯城网上商城

科通芯城在起步的时候也曾想模仿阿里巴巴的模式，做一个信息平台。但在做的过程中，科通芯城发现这一类型的 B2B 电商和 B2C 电商有很大的不同。对 B2C 电商来说，重心是如何下单、支付、售后，而对工业品电商来说，核心过程可以分为售前、下单、售后。对科通芯城来说，售前大约占了 50％ 的功能。也就是说，对一家去科通芯城下单的企业来说，买之前的决策更重要，需要询价、咨询产品的适配性、发货周期等，和面向 C 端的电商比，做 B 端的生意更加复杂。在研究了 B 端的采购习惯和特点后，科通芯城确立了自己的商业模式：不做阿里巴巴那样的黄页类 B2B，而是做一个自营的 IC 元器件电商，为几百万家中小企业提供一站式元器件服务。科通芯城除了提供信息平台之外，还参与整个交易。这种模式可以大大提高买家的黏性。因为在整个交易过程中，科通芯城提供了信息、物流、售后等一系列的服务，比黄页类 B2B 带来的价值更高。

科通芯城的投资方科通集团本来就是中国最大的 IC 元器件分销商，拥有强大的线下资源，因此科通芯城有点像 IC 元器件市场中的苏宁易购。

随着对互联网了解的逐步深入，科通芯城还借助新媒体做精准营销，充分利用如微博、科技博客、视频网站及微信等各种新媒体渠道，把产品和方案精准营销给中小型企业客户里的工程师及专业的采购人员，从而影响他们接纳并采用这些新的方案、新的产品，以达到营销的目的，把"在线营销＋在线销售＋线上/下交付和服务"作为创新的方向。

此外，科通芯城还利用技术优势建立了一个基于大数据的云服务平台，包括 ERP、CRM 订单管理系统，数据支付、仓库管理系统等。在前端支持方面，运用 WEB、移动互联网 App、微信等形式。客户可以用 PC 端或移动终端在线下订单，查价格、库存，看交货状态、信用额度等。

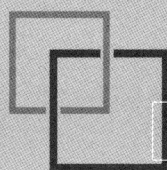

第四章

B2B 3.0：

以融合生态为核心

在 B2B 2.0 时代，平台通过介入交易提升了自身价值，但仅限于充当交易撮合和线上支付的中介。2.0 时代的 B2B 交易，平台不掌握物流、仓储信息，不具备对交易货品的管控能力，也无法进一步解决交易双方对金融服务的痛点与紧迫的需求。B2B 2.0 平台受自身规模、资本及人才限制，提供撮合交易的"轻量级"服务尚且可以，但继续纵深提供更"重"的服务则很难实现。显然，仅提供中介服务的 B2B 平台已不再能满足时代的要求。

另外，随着 B2B 平台大量介入商品交易活动，提供更多的撮合服务，将资金流"线上化"，越来越多的交易从线下移至线上，线下市场受到了持续的冲击，纷纷开始向线上转型。

但同样不可否认的是，线下市场，特别是发展较为成熟的供应链渠道，所提供的包括物流、金融、仓储在内的一站式服务，是线上贸易无法比拟的。根据统计数据，即使是在电子商务发展较为领先的欧美国家，线上交易总额占全社会交易总额的比例也不到 20％。

在此背景下，B2B 平台开始尝试将各类服务整合到线上来，扩展相应业务，优化发展模式，实现平台的转型升级，B2B 3.0 就是在这种时代背景下诞生的。而移动互联网和大数据的应用，加快了 B2B 行业的升级进程。

移动互联网让交易的参与者们人手拥有一台"智能终端"，电商平台得以进一步渗透到终端商户与线下交易场景，交易流程中的实时信息与物流、金融等配套资源的实时状态能随时追踪，使线下资源的优化配置成为可能，也带来了许多新的服务机会。

与此同时，海量数据存储和计算成本越来越低，云计算和大数据在各行各业中不断发展和完善，人类活动开始全面数据化，数据的大规模生产、分享和应用成为可能，线上线下的对接有了基础。

2015 年以来，B2B 平台们紧紧抓住了移动互联网和大数据带来的技术红利,纷纷将各类供应链服务整合到平台中,结合仓储物流、供应链金融、跨境贸易、供应链管理等配套服务,建立了全产业链生态平台。卓尔智联是这个阶段的典型代表,各大平台在数据、客户、物流、仓储、金融、供应链管理等方面的全面打通、全面发力,让企业、客户能真切地感受到市场变大、库存变小、周转变高、成本变低、供应链变轻、盈利能力增厚,使企业的采购、分销、支付、物流等都能因其提供的服务获得最优解决方案。

以线上线下融合为基础,信息技术为纽带,提供全方位综合服务,形成交易服务生态的全新经营模式,昭示着 B2B 3.0 时代的到来。

线上线下融合催生 B2B 3.0 的出现

线上市场融入综合化服务

随着线上交易规模的上涨,线下批发商销售额及利润受到一定程度的挤压,批发市场的价格发现与信息传播两大功能远不可与电子商务平台比拟,电子商务平台不再经由经销商或批发商实现中小企业的商品流通,批发商的生存空间进一步被压缩。在 B2B 平台发展的冲击下,传统批发市场的商户和客源不断流失,批发商数量不断减少,经营利润迅速下滑,用户留存率大大降低,靠收摊位费赚钱的模式已难以为继。

线下市场的转型压力不断加重,为了更好地融合线上线下市场,发展线上平台成为传统市场谋求生存的主要途径。虽然因为线上线下业务、资源、数据的对接涉及太多复杂因素,从而导致线上、线下市场融合的程度不甚理想,但在这波融合大潮中,B2B 企业开始将线下市场和服务逐渐整合到线上,实现平台的转型升级,B2B 线上线下的融合又往前走了一大步。

线上线下的融合,不仅可以让线上交易和线下服务融合对接,更可以带来之前没有过的服务机会,比如供应链金融服务。B2B 2.0 阶段平台无法掌握货物的流向、仓储等情况,无法形成数据链的闭环,很难与金融机构展开深入合作,为企业提供信用担保,同时有效地把控风险。此前,供应链金融主要依赖核心企业的承诺或担保开展业务,绝大多数的中小商户都被拒之门外。随着线上线下的深度打通,B2B 3.0 阶段随即到来,基于交易数据的供应链金融服务成为可能。

对于 B 端卖家而言,线上线下的融合需求成为当务之急,而对于 B 端买家而言,在满足基础的交易之外,对个性化、精细化的需求也在不断增加。这就要求 B2B 平台能够针对不同企业内部的供应链管理特点,提供个性化服务,根据企业与其外部供应链的个性化沟通方式以及第三方技术供应商为交易双方提供个性化的平台,做到既能满足企业的差异化需求,又能提供个性化增值服务。[①] 在个性化、精细化的需求驱动下,B2B 平台由 2.0 阶段逐步进阶到 3.0 阶段,以期能够为企业提供更加丰富的衍生服务,例如提供额外的物流支撑技术、资金周转方案等,线上交易流程得以在标准化的前提下变得更加灵活多变,更加贴合买卖双方的实际的交易,充分满足个性化的需求。

在传统企业线上线下融合及企业个性化、精准化需求的驱使下,

---

① 刘祎玎,蔡建峰,张识宇.基于个性化需求与个性化服务的 B2B 电子交易平台的构建[J].情报科学,2007(6):886－890.

B2B 3.0 逐渐形成,而以移动互联网、大数据为代表的新技术的发展则进一步加速了 B2B 3.0 时代的到来。

移动互联网与大数据加快 B2B 3.0 的到来

移动互联网时代的到来,让电商平台进一步渗透到终端商户与线下交易场景中,让交易流程中的实时信息与物流、金融等配套资源的实时状态可以随时追踪,进一步拓宽了企业在线商务活动的渠道,使线下资源的优化配置成为可能,也为 B2B 企业带来了许多新的服务机会。

移动互联网的发展完善了交易双方的连接,为 B2B 的发展提供了肥沃的土壤。它紧密连接 B2B 两端,让买卖双方能够更加及时、高效地获取信息,让信息传输变得更加公开、透明。交易企业仅仅通过一个终端移动设备就可以对交易进行管理,如用手机查询企业信息、管理客户、评估、订货、确认产品等。对于企业而言,移动互联网实现了两个信息化:一是与客户交互的信息化,二是内部信息流的云端存储信息化。

互联网的出现拉近了人与人沟通的距离,极大地缩短了信息交换的成本与时间,催生了以 B2C、B2B 为代表的电子商务,进一步改变了人们的消费行为和企业的贸易方式。而近些年大数据的发展则将原有粗放型、展示型的电子商务模式向精细化、个性化转型,原有的以产品为中心的模式向以用户为中心的电子商务模式转型。[①] 企业信息、交易信息等数据的积累,数据挖掘、云计算等技术的应用,让 B2B 平台可以对整条供应链上的企业进行深入的剖析和整合,从而促进采购、生产、

---

① 秦洋.大数据发展趋势下的中国电信运营商电子商务营销模式分析[D].北京:北京邮电大学,2014.

销售、物流整个产业链闭环的高效运转，B2B网站由撮合交易平台逐步向智能化综合服务平台迈进。

在这样的时代背景下，B2B迎来了3.0时代，即以移动互联网、大数据及其相关技术为纽带，实现交易环节物流、金融、仓储、供应链、跨境等综合服务，贯穿整个交易环节，营造协同融合的交易服务生态。

B2B 3.0时代的特征

在B2B 2.0时代，资金流和信息流都已经数字化，并通过在线交易融合沉淀在平台。而在B2B 3.0时代，平台开始提供物流和供应链金融等服务，与买卖相关的物流、资金流、企业信息也都沉淀在平台。随着物联网技术的成熟和应用，更多的物流信息也得以进入平台。至此，物流、资金流和信息流全面数字化，"三流"数据得以打通。通过三流的数据融合，平台可以提供更多的衍生服务。

从介入交易到介入产业链服务

B2B 3.0的商业模式主要在于利用信息技术融合交易相关的物流、资金流、信息流服务，打通供应链，加强对上游供应链的控制与对下游需求方的触达，形成行业协同融合的交易服务生态。

在B2B 3.0时代，实现了融合生态服务的B2B平台的交易体验与B2C平台类似。买家需要买商品时，在平台检索并找到合适的商品；下单支付时，平台可以提供贷款；下单后，平台为卖家寻找相匹配的物流，物流企业直接去平台管理的仓库提货;货物送到买家的仓库后,双方在平台完成交易的结算。交易完成后,交易相关信息沉淀在平台,为后续信用评估和行业分析等奠定基础。如图 4-1 所示,到了 B2B 3.0 时代,卖方无须担心货物运输和安全问题,买方也不必担心资金安全的问题,B2B 平台能够有效协同供应商和采购商并提供可靠的物流和金融服务,实现"交易平滑至简"。

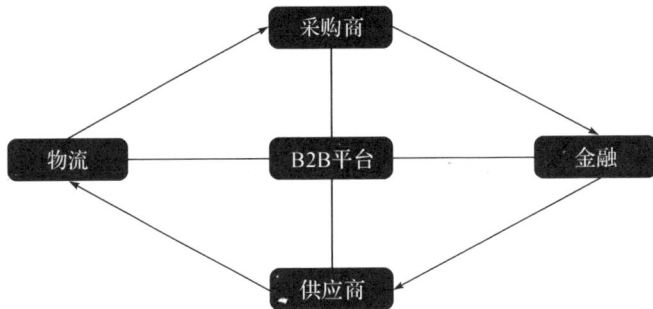

图 4-1 B2B 3.0 时代协同融合的交易服务生态①

在从 B2B 2.0 到 B2B 3.0 的升级中,B2B 平台对供应链管理进行了深入的介入和影响。交易平台通过对信息流、物流、资金流的影响,从采购原材料,到制成最终产品,再到通过销售网络把产品送到下游环节乃至消费者手中,将供应商、制造商、分销商、零售商连成一个整体的功能结构,降低了交易成本和费用,提高了整个供应链的效率和竞争力。

首先,与 B2B 2.0 时代通过系统撮合或人工干预提供交易服务的模式相比,B2B 3.0 通过大数据、云计算等技术深度介入交易撮合,提高交易效率。在 B2B 3.0 平台下,买卖双方的合作关系更加紧密,众多买

---

① 李松霖,由芙洁,吴佩芸. 中国 B2B 电商发展史话[J].互联网经济,2018 (5):88-95.

家和卖家都聚集在一个"中心市场"，可以看到行业供需情况、商品实时交易状态、其他成员的基本信息等。买卖双方可以综合各方面信息，选择最合适的交易决策。在卖方强势的市场，规模小的采购方可以结成同盟，加强对上游的议价权；在买方强势的市场，生产企业可以有计划地调整生产规模、改变产品结构，或是提供个性定制化服务。因此，在B2B 3.0平台上，供应链壁垒得到消除，商品价格完全由供需决定，并实时进行动态更新，是真正意义上的市场化价格。B2B 3.0从很大程度上平滑了交易流程，提高了交易效率。

例如，在农业领域，农产品的产区往往不是销售区，绝大部分农产品是"季产年销"，一个季度的产品要满足一年的消费需求；农产品有些是供应端规模很大，买家规模很小，有些则是买家规模很大，但种植大户、饲养大户的规模并不大。卓尔旗下的中农网就利用互联网消除了这些差异，快速实现了产销对接。

其次，B2B 3.0平台为客户提供了便捷的物流、仓储服务。随着云计算、移动互联网技术的发展，融合产业链、移动互联的全新设计理念的运输管理平台在市场上大量出现，将数量广大的企业、商户（货主）、运输商、货车司机乃至收货人连接成一个信息充分共享、业务流程高度协同的整体，构建一个具有自我扩张能力的在线供应链运输系统，促进运输（物流）行业信息化整体水平的提高，这就是基于智能物流的B2B。

仓储方面，通过标准化的管理、系统化的运营，为中小企业提供仓储服务，帮助他们提高仓储物流效率、降低运营管理成本。例如，中农网旗下的仓库智能管理系统"果满仓"，帮助果农们解决了苹果产业链上的仓储问题，管理商品的进库、出库、库存、物料及相应的财务信息。随着物联网、机器人、仓储机器人、无人机等新技术的深度应用，智能物流仓储系统已成为智能物流方式的最佳解决方案。智能仓储和传统仓储最大的区别,在于智能自动化装备和信息化软件集成应用,智能仓储的网络主要是由"信息网＋仓储网＋干线网＋零担网＋载配网"组成,和电子商务平台实现无缝对接。

企业经营者在 B2B 平台上交易,不再需要考虑物流和仓储的问题,大大节约了企业资源,可以更专注于市场开发、渠道管理、品牌建设等其他经营活动。另外,对物流和仓储的介入也给了平台提供诸如货贷金融的金融服务的机会。

在智能物流和仓储领域,卓尔智联围绕交易平台的数据和场景开始为企业提供可信赖的物流和仓储服务,成立了"卓集送"和"卓尔云仓"。在物流服务领域,卓集送将传统物流服务环节进行标准化、移动化、信息化的改进,快速响应并有效满足客户灵活的货运需求,根据数据平台的记录进行智能物流推荐及撮合,实现跨城乃至跨国间点对点的物流配送服务。卓集送通过平台、货主、运力池(货车司机)之间的数据交互,帮助客户提高物流数据化运营能力,进而降低物流成本,提高物流服务水平。卓尔云仓专注企业、批发市场及各类经销商的线下仓储货品托管服务、金融货品监管服务、仓库租赁及升级改造服务。通过多个专业管理系统及大量的潜在客户,针对批发市场及商户的用仓需求,提供供应链系统支持,仓内实行标准化管理,以统仓统配的形式扩大边际效益,降低商户仓储管理成本,提高效率。

再次,在将物流线上化后,供应链金融得以发展和应用。通过提供物流、仓储服务,B2B 平台可以掌握"货权",这是供应链金融的核心。以"货权"为核心的金融服务有三个关键词:"判得准""看得住""卖得掉",三者缺一不可,且顺序不能乱。B2B 平台通过代收贷款沉淀了大量资金,依托供应链"货权"流转可以通过为中小企业提供灵活、全面的金融产品和金融服务,以切实解决中小企业授信难、融资难的问题,从而提高整个供应链的竞争优势。通过提高交易信用的形式,使客户能够获得免担保的银行授信,这是大数据分析与金融结合的创新需求。[①] 如图 4-2 所示,借助中介型 B2B 电子商务平台,电子商务供应链融资可以将电子信用转化为金融信用,避免了信息不对称和信息失真现象,有效降低了融资的信用风险。

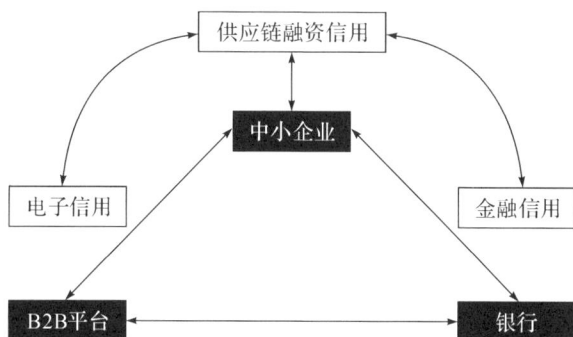

图 4-2 基于 B2B 的供应链融资信用

最后,B2B 3.0 平台通过提供跨境贸易服务,让更多中小商户较便利地融入全球价值链。B2B 跨境服务,是 B2B 平台依托线上平台、线下配套设施,通过智能物流体系相链接,涉及跨国交易、支付、通关、物流、仓储等全产业链、全流程的国际贸易综合服务。B2B 跨境服务是新兴的服务类别,线上线下融合的特色明显,为中小企业解决跨境电商及跨境贸易痛点,帮助其拓展国际市场。B2B 平台通过提供的跨境增值服务,可以大大缓解贸易信息不对称的问题,实现“要素无界流动”。

汉口北国际外贸服务公司是湖北省外贸综合服务试点企业,设立亿元资金池,为外贸企业提供包括出口退税、货款融资、信用证融资、

---

① 胡雯莉,唐华军.基于 B2B 平台的线上供应链金融授信模式研究[J].金融理论与实践,2017(11):43—50.

物流融资等多种融资服务。"汉口北国际"一方面通过建设海关监管作业场所,联合政府机构引进外贸政务服务中心,联合物流巨头打造中国中部国际物流集散中心、保税仓等实体平台,坚持构建完善的线下外贸基础设施;另一方面,以卓贸通为线上平台,构建多种贸易方式的线上通关口岸、信息化物流仓储服务系统、快捷安全的融资渠道,以及海量的外贸供需信息助力贸易撮合。"汉口北国际"至今已经与全球多个城市签订贸易撮合服务协议,成功举办日本大分市出口企业与中国进口商合作对接会。线上线下齐动,"汉口北国际"为进出口企业提供了全方位、立体化、一站式的跨境贸易服务体系,立志成为国内最具价值的跨境服务平台。

2018年10月,在新加坡企业发展局的支持下,卓尔智联集团与新加坡交易所、新加坡国际电子贸易公司(Global eTrade Services,简称"新加坡GeTS"),共同出资在新加坡组建合资公司,联手打造一个互联网化、国际化、便利化的全球大宗商品交易平台——"世界商品智能交易中心"(ClC)。ClC主要从事建立及运营线上全球商品贸易平台,提供交易配对、贸易融资、供应链及物流、全球合规性监管、商贸数据及交易指数服务等,推动全球贸易便捷化。新加坡汇聚荷兰托克、必和必拓、贡沃尔等400多家全球最大的B2B交易商及为数众多的大小关联客户,年交易额超过3万亿新加坡元。新设立的全球商品交易平台将为中国国内B2B客户通向国际市场打开一扇新的窗口,使中国商品直接传送、呈现于众多国际买家眼前。以优质茧丝原材料为例,直接从国内销往印度很困难,但借助CIC则可以顺畅地销售给印度当地经销商,实现国际分销。此外,新加坡GeTS平台提供全球化"一键通关"贸易便利化服务。相对于由两国"货代"撮合完成,交易流程烦琐的一般贸易流程,GeTS平台与东盟及全球37个国家直接签署了直接通关协议,在线上就能完成通关,效率更高,成本更低。

大数据助力个性化综合服务

B2B 3.0 时代，线上交易在企业间交易中所占的比重逐年上升，线上、线下融合程度越来越深，得益于大数据及相关技术的发展，基于大量订单的海量数据开始在平台上积累，包括交易双方的企业信息、信用记录、交易物流等。通过大数据分析技术和工具的应用，这些信息可以用来深入挖掘，为拓展相应应用及服务提供更深层次的战略指导。例如，大数据可以用来分析企业偏好和兴趣、对企业的信用情况做出评价、预测企业未来的发展和需求等。通过数据挖掘和大数据分析，平台不仅实现了精准化营销、个性化推荐，还能依据数据分析结果，在交易的各个环节为双方企业提供配套的综合性服务。可以说，大数据赋予了 B2B 平台新的价值，助力平台提供个性化综合服务。

根据麦肯锡对大数据的定义，大数据指的是大小超出常规的数据库工具获取、存储、管理和分析能力的数据集。而 Informatica 公司则从技术方面对其下了定义：大数据由三项主要技术趋势汇聚组成，即海量数据交易、海量数据交互和海量数据处理。可见，大数据不仅仅是数据的积累，更是与海量数据处理有关的技术的总和。大数据核心技术可以从存储、处理和应用等方面展开讨论，本书主要就大数据在 B2B 行业中的应用方面展开详细讨论。在数据就是资源的信息时代，大数据技术的应用对企业改善经营方式、提高经营效率的作用是毋庸置疑的。但对于中小企业来说，实现大数据赋能的成本很高，他们很难将本企业及外部市场所能获得的数据真正利用起来。而大数据的发展，在经历了从分析自身业务到重视外部应用再到集成关联数据的演变后，成为天然适合 B2B 平台应用的技术。B2B 平台能有效连接上下游企业数据,通过数据的积累和技术的应用,为中小企业提供了按需生产、个性化生产、智慧物流、智能征信等各项服务。大数据技术为 B2B 3.0 时代平台建设生态交易圈创造了非常有利的技术条件,从此,众多中小企业真正享受到了大数据带来的变革。

大数据时代背景下,企业的所有活动,如研发、运营、管理等无一不是围绕客户进行的,客户至上变得更加重要。在竞争激烈的市场中,客户的转移成本大大降低,企业要赢得客户,必须重塑客户战略,因此,个性化推荐、精准化营销成为企业的迫切需求。B2B 平台在浏览、交易、支付等海量数据的基础上,通过主动搜集和整合产业整个供应链条上的下游企业信息,运用关联分析、协同过滤等数据挖掘技术,对终端客户进行"用户画像",建立起了能精准把握客户需求与行为模式的模型,为每一个企业提供相应的个性化、精准化和智能化服务,创立了按需生产、个性化生产的全新商业模式。

物流是需求信息流的反向流动。一般商品在物流的传输过程中需要经历几个阶段:首先,生产商需要寻找合适的物流企业,根据客户的所在地分配不同的物流商,货物从区域仓库运送到城市分拣中心后,再由物流企业进行终端城市配送。从分配物流商后,企业就很难再追踪相应的货物信息。正因如此,在传统的商品配送中商品破损、丢包现象时有发生。

而在大数据的背景下,生产商根据 B2B 提供的供应链终端需求安排生产,早在商品生产之初,他们就知道商品在生产出来后分别需要送往全国甚至是全世界的哪些仓库(有些仓库就是由 B2B 平台提供的),送到每个仓库的数量是多少。B2B 平台直接根据订单信息为其分配最合适的物流,将货物运送到终端仓库,再从仓库配送到终端客户手中。在整个配送过程中,没有代理商、经销商等中介参与,也不存在从一个仓库到另一个仓库的烦琐程序,减少了搬运次数,实现了最短的物流路径和最优的物流资源配置。另外，大数据也为交易双方实时追踪商品运输状态提供了一定的可能，一定程度上保证了物流的安全性。

一直以来，信用问题都是影响 B2B 电子商务快速健康发展的重要因素，如何对 B2B 平台上的企业进行信用评估是一个关键的问题，而大数据的应用为 B2B 电子商务的企业征信体系建设带来了新的思路。原来海量庞杂、看似无用的数据，经过清洗、匹配、整合、挖掘，可以转换成信用数据，从一定程度上提升信用评估的效率和准确性，使"一切数据皆信用"成为可能。

目前，国内电子商务信用评价体系大多集中于 C2C 或 B2C 类型。以淘宝网为例，在上线 15 年期间，其信用评价体系不断发展、完善，克服了模型单一、权重不合理、卖家信息不全面等问题，已成为国内电商的范本。芝麻信用作为蚂蚁金服旗下独立的第三方信用评估及管理机构，通过运用大数据、云计算及机器学习等技术，客观呈现个人的信用状况，并已在消费金融、信用卡、租房、租车、酒店等多个金融与生活类场景为用户、商户提供信用服务，让其能够享受信用带来的便利和价值。芝麻信用的成功应用，也为 B2B 电子商务利用大数据技术构建信用评价体系提供了有效参考。

在 B2B 商务模式的信用体系研究中，中国互联网商务金融研究院做出了成功的尝试，他们从三个维度来构建大数据征信采集结构：第三方数据、电商平台交易数据及网络轨迹数据。[①] 多来源、多维度、多层次的真实信息为平台构建征信体系提供了基础，3.0 时代的 B2B 平台已经充分利用大数据评估企业信用状况，改善交易环境，降低交易风险，

---

① 张云起，孙军锋，王毅，等.信联网商务信用体系建设[J].中央财经大学学报，2015(4)：90－99.

保证交易公平,提高交易效率,构建起了安全、高效的企业贸易生态环境。

B2B 交易方相对较少而且固定,交易过程相对复杂但规范、交易对象广泛且包含标准化产品和非标准化的服务、交易金额一般相对较大。所以,B2B 是产业化的,其巨大的创新机会和市场空间依赖于企业间网络的建立和供应链体系的稳固,依赖于如何建立起信息、经验和资源上的优势。借助大数据,企业可以建立起自己的数据资源,建立起行业壁垒,让进入的外来颠覆者很难跨界打劫。

大数据时代,数据无所不在,在对的地方找到或提炼出对的数据,然后把它们直接或经过整合后用于对的地方,就是大数据的价值。在 B2B 领域,能够促进交易的数据是最有价值的数据,也是能定价销售的数据;而通过将交易数据和其他商业数据相融合,能起到对其他数据点石成金的作用。随着数据的不断积累及技术和运作的成熟,大数据在 B2B 领域将发挥更大的价值,涌现出更多、更好的新服务模式,从而促进 B2B 电子商务的发展。

供应链金融促进产业链发展

根据由国际商会(ICC)主导,全球银行家协会(BAFT)、欧洲银行协会(EBA)、国际保理商联合会(FCI)及国际贸易和福费廷协会(ITFA)共同参与制定的《供应链金融技术的标准定义》,供应链金融是指利用融资和风险缓释的措施和技术,对供应链流程和交易中营运资本的管理和流动性投资资金的使用进行优化。中国供应链金融的实践和研究起步于 2006 年,但真正发展成成熟的供应链金融模式,是在 B2B 3.0 阶段。通过引入商业银行,供应链金融进入向"线上供应链金融"的转型整合期。①

　　回顾供应链金融的发展历程，其链式的营销思维、客群的整体拓展、多产品的组合运用、全流程的监测管理、多样化的担保增信等均给商业经济带来重大突破，基于 B2B 电商平台的供应链融资模式也应运而生。

　　供应链金融的运作模式从出现至今一共历经了三个阶段，现已迈入 B2B 3.0 时代。第一阶段是 M＋1＋N 模式，即产业供应链中的核心企业（即 1），依托其供应链，向其上游 M 个供应商及下游 N 个客户提供综合性的融资模式；②第二阶段是银行开始走向产业，商业银行依托产业中的核心企业，以其强大的信用作为基础，延伸金融服务，并通过技术手段对接供应链中的各个参与者；第三个阶段则是互联网供应链金融，基于互联网、大数据的供应链金融能够从更多维度动态衡量企业真实经营状况和各类经济行为，从而更加准确地评估融资风险。

　　当前的供应链金融通过互联网技术手段，在平台中构建跨条线、跨部门、跨区域的服务，与政府、企业、行业协会等结成联盟，同时考虑物流、信息流和资金流的流动，计划、执行和控制金融资源在组织间的流动，为产业链中的中小企业解决融资难、融资贵、融资乱的问题，最终通过产业供应链运营实现金融增值的过程。③

　　随着供应链金融的不断发展，银行与电商平台合作提供供应链融资服务已成为主流模式。B2B 供应链金融是银行或金融机构与 B2B 电

---

　　①　史金召，郭菊娥.互联网视角下的供应链金融模式发展与国内实践研究[J].西安交通大学学报（社会科学版），2015，35（4）：10－16.

　　②　周建，顾鑫，王珂.基于核心企业的供应链金融价值度量模型研究[J].商业经济研究，2015（27）：77－80.

　　③　宋华，陈思洁.供应链金融的演进与互联网供应链金融：一个理论框架[J].中国人民大学学报，2016，30（5）：95－104.

商合作,借助电子商务企业的信用实力和企业信用交易记录或货物流通价值,对 B2B 供应链单个企业或上下游多个企业提供全面的金融服务。

B2B 电商供应链金融通过对供应链中企业间交易信息数据进行分析,能够帮助银行了解各企业和各企业间的信息,使其在融资过程中处于主动地位。与传统供应链金融不同的是,B2B 3.0 阶段的供应链金融依靠平台交易数据建立起电子商务信用,实现在线授信和自动授信。B2B 平台在供应链金融中扮演着多种角色,既是平台的经营者,也是融资服务的提供者、监管者,平台可以对供应链中融资企业的物流、资金流和信息流进行封闭式监管,从而能够在动态的市场变化中协助银行做好贷款风险管理。① 随着互联网信息技术的不断发展,B2B 平台企业不再局限于打造服务供应链,提供单纯的供应链融资,而是开始拓展价值创造空间,着手打造生态系统。平台参与者通过联合库存管理、协同预测/规划等活动降低产业整体运营成本、提升产业运作效率,从而实现整体价值的提升。此外,由于平台参与者的利益彼此相连,平台所创造的价值不会被独占,而是在整个平台进行资源共享,并通过整合所有平台参与者的资源配置能力,探索新的领域,挖掘信息的价值点。在 B2B 3.0 阶段,供应链金融的最终目标不仅是加快资金在链中的流转速度,更是通过金融作为产业发展的催化剂和润滑剂,促进产业迭代发展,从而实现产业与金融的真正融合。

----

① 李明锐.企业利用第三方电子商务平台的融资模式——供应链融资[D].北京:北京交通大学,2007.

B2B 3.0 的典型实践

随着 B2B 2.0 平台的积极升级和线下交易中心的转型，一批优秀的 B2B 3.0 平台开始涌现。如果说，此前的服务在于片段式解决某一类型、某一领域的问题，例如支付宝、微信分别解决支付问题，运满满、卡行天下解决物流问题，它们只是以企业为自我中心，为某个环节提供服务，那么 B2B 3.0 平台的特点在于通过多维度、一体化实现交易与服务功能。

卓尔智联是 B2B 3.0 时代领先的实践者。卓尔智联拥有武汉汉口北国际商品交易中心、天津电商城等超大型现代商贸物流中心，总面积超过 1000 万平方米，同时为批发客户提供办公物业、仓储和港口等物流设施服务。立足线下市场、港口、物流优势，卓尔智联致力于 B2B 交易体系构建，建设和运营了"卓尔购""中农网""化塑汇""CIC""卓钢链""海上鲜"等 B2B 交易平台矩阵，涉及消费品、农产品、化工、塑料、有色金属等品类，同时基于这些平台的交易场景和交易数据提供金融、物业、物流、跨境、供应链管理等服务，建立了以"卓集送""卓尔云仓""卓尔金服""卓贸通""卓易通"等为支撑的智能交易服务生态，成为全国最大的现代物流与供应链服务平台之一。

卓尔智联旗下各平台从介入交易到深度切入整个供应链条，向产业链上下游延伸，通过提供智能化综合服务，切实解决了产业客户的痛点，通过商业数据的链接打通全产业链、全服务链，实现客户资源、技术资源、商品资源、服务资源协同共享、融合共生，重构了 B2B 交易和供应链服务生态,成为 B2B 3.0 的典型样态。

卓尔智联致力于以领先科技的应用推动商业交易更好地建立信用,努力以交易的智能化、数据化推动贸易的便利化、全球化,帮助中国乃至世界的企业和中小商户降低交易成本,使他们的采购、分销、支付、物流等都能获得最优解决方案。当前,卓尔智联正集中资源,实现各大平台在数据、客户、物流、仓储、金融、供应链管理等方面的全面打通、全面发力,使交易平台、交易服务更便捷、高效,让企业、客户能真切地感受到市场变大、库存变小、周转变高、成本变低、供应链变轻、盈利能力增厚,获得实实在在的改变。

以下我们通过卓尔智联旗下中农网、化塑汇、卓钢链和卓尔为第一大股东的众邦银行的发展运营案例与大家一同探讨。

中农网:布局全产业链

中农网是卓尔旗下的农产品大宗交易平台,创建于 2010 年。历经多年的业务发展,从单一交易品种到多品种、多业务板块,中农网已成长为国内农产品垂直电商平台领域标杆企业,并在多个农产品垂直领域积累了丰富的行业经验。

中农网致力于不断拓展其在白糖行业的市场份额及领导地位,并将白糖业务的成功模式扩展至其他大众化的 B2B 业务,如茧丝、桉树板及水果产品,达到中央化控制,从而进行 B2B 交易之纵向整合,扩展到更多高标准产品。

2005—2015 年间,中农网完成了广西糖网公司(现为"沐甜科技股份有限公司"全资子公司)的改制设立,以及昆商易糖公司(现"沐甜科技股份有限公司"全资子公司)的设立,它们是中农网布局食糖品类的两个重要企业。中农网立足于我国第一和第二大食糖主产区，令食糖购销全面进入电商时代，网上下单、就近提货，足不出户就能完成所有购销业务，实现了 90% 以上行业用户覆盖，现货流转量占全国总量 30%，始终发挥着行业资源配置中心及定价风向标的作用。

中农网在食糖领域持续深耕，在单品垂直领域形成了一定的订单密度，构建出了较完整的交易模式和风控模式，为中农网其他品类的拓展奠定了良好基础。中农网很早就意识到需要更深度地广泛切入供应链各端，只有在整体的供应链各端做深、做专，形成产业闭环，才能最终形成平台价值。

2016 年，中农网在食糖板块的战略定位上做出了重大调整：由"食糖 B2B 电子商务"升级为"食糖产业链垂直电商"，重构上中下游的关系，向产业链的两头延伸。

例如，中农网向上游建立涉农平台、溯源平台，帮助生产、加工企业构建链接农户、合作社的供应链体系，以相关的金融工具帮助农户、合作社与加工企业构建稳定的交易关系；向下游建立分销平台，投资"好伙计"项目，针对大型食品厂、专业连锁门店、高端餐饮等高净值客户，打造辐射多城市的智能采配平台。此外，中农网积极搭建与产业链相关的配套设施，为食糖产业赋能，主要体现在：

（1）仓储物流。中农网基于白糖板块，已在全国设立 185 家仓储网点，引入智能仓储物流系统，对在库货物、仓配、通路梳理等进行全程可视化管理，进一步提升仓储物流标准化服务能力，向专业的第三方物流服务商转变，实现产业链上下游企业数据链一体化透明管理，大大降低了传统交易方式下的交易成本。传统贸易中白糖的流通周期为 7～15 天，中农网将白糖流通周期缩短至 1～3 天，大幅度提高了流通效率，平台交易每吨糖的购销成本从传统贸易 25 元/吨降低到 7 元/吨，大幅降低了流通成本。

（2）技术研发。通过统筹 ERP 系统、物流管理系统及自主研发的 B2B 电商平台系统，将上下游企业、订单、商品等所有场景的信息进行数据化处理，建立大数据中心，为业务分析、决策提供支撑，实现全产业链资源智能化配置，让交易更便利高效。

（3）供应链金融。搭建供应链金融服务平台，连接银行、商业保理、保险等合作机构，协同第三方交易平台和物流，打通各参与方的信息流，从全产业链角度设计产品线，为产业链核心企业定制方便快捷、期限灵活、安全可控的供应链金融产品，帮助客户降低流动资金压力，抓住业务发展机会。

中农网一路从信息做到交易，做到线下供应链，再做到供应链金融，再到现在的生态体系建设，取得了一定的成绩。如今，中农网及旗下的广西糖网、昆商糖网、中国茧丝交易网、中农易果、中农易贸、依谷网等，已经在各自的垂直领域综合信息流、资金流和物流等服务，拥有逾 10 万家产业链上下游客户，服务超过 9000 家企业。

化塑汇：通过基础设施打通全产业链

卓尔旗下的化塑汇 2014 年创建于上海，并在苏州、常州、余姚、宁波、北京等地设立了分公司。成立以来，企业服务客户数量呈指数增长，数个精选品种已在各自领域占据重要地位。

化工塑料面对的是 3 万亿的化塑市场，其中，60%的买家集中在华东地区，且下游采购具有关联性，用户可以在化塑汇的线上平台发布供求信息，也可以成为平台的合作供应商，将商品在线上商城上架销售，用互联网思维打开全新的市场（见图 4-4）。

图 4-4　化塑汇网站

化塑汇致力于推动"互联网＋"化塑品类的基础设施建设,打通化塑全产业链的信息流、物流、资金流的交易闭环,以分布式共享平台的创新模式,构造化塑行业全产业链新生态系统。

化塑汇基于庞大的仓库信息数据,建立了智能的线上仓库体系,实现了仓库规范管理、安全分级准入、资质优化审核等一系列链条式仓储管理,为平台交易及客户推出"汇惠贷"供应链金融服务。

联合众邦银行、众邦金控、浙商银行等机构,化塑汇提供各类金融服务产品,为客户提供赊销、代采、货押、个性化定制等更为安全、便捷、高效的服务。

物流方面,化塑汇与第三方物流强强联合,实现货物从出库到完成交付的全程把控,为客户提供一站式采购体验。

不仅如此,平台整合了商品交易模式、真实交易价格、交易数据及仓储物流等系统,形成了一个供应链服务良性的生态圈。

卓钢链:通过物流、金融迈向综合服务

2018年3月23日,卓尔智联与大宗商品电商西本股份及专业化的经营团队组建了新公司"卓钢链电子商务公司",开始涉足钢铁等黑色系大宗商品的经营。

卓钢链成立伊始,以"链通钢铁、成就卓越"为使命,立足于构建黑色大宗商品领域集智慧交易、线上金融、智慧仓储物联、加工配送、数据及资讯服务为一体的集成服务平台。以交易为体,以金融、仓储物流为足,实现飞跃式发展。卓钢链起步就"站在巨人的肩膀上",具有20多年行业专业运营经验的经营团队充分利用卓尔智联在金融、物流、仓储等方面的服务生态,合纵连横,打造卓钢综合指数,推出行业数据产品,联合中国物流与采购联合会共同编制发布国内权威的"钢铁PMI"(Purchasing Managers' Index,采购经理指数),与第三方数据平台联合发布"北材南下船运通"数据产品,快速提升在大数据分析、行业指数等方面的影响力,建立更专业、更强大的资讯服务体系,持续提升行业话语权。

在服务产品上,卓钢链提供涵盖整个黑色大宗商品价值链的综合型全产业链服务,包括黑色金属全品类交易、供应链金融、仓储物流、加工配送、大数据资讯等服务,将黑色大宗商品产业链上的所有参与者连通起来,推动黑色大宗商品产业的转型升级。

2018年7月,卓钢链与众邦银行联合推出的首款供应链金融产品"钢购E贷"落地并发放首笔资金。借力供应链金融,赋能客户,营业规模快速迈上新台阶。11月卓钢链面向市场推出第一个"卓钢链标准交易仓",持续夯实线下服务基础,实现了营收规模的爆发式增长,并快速

进入黑色大宗商品电商第一梯队。卓钢链设定的目标愿景是:力争 5 年内实现年营业收入 1200 亿元,打造国内一流的黑色大宗商品 B2B 电商平台。

众邦银行:融入产业互联网场景,打造交易服务银行

成立于 2017 年 5 月的武汉众邦银行是湖北首家民营银行,卓尔控股为主发起人和第一大股东,专注于为中小微企业提供供应链金融服务。众邦银行的定位为互联网交易银行,积极融入平台、客户、市场、服务等产业互联网场景中,将产业链、交易链中各环节的资源进行整合,与各方相互协作,在相互赋能中促进平台、客户与银行三者的协同发展。

众邦银行连接卓尔智能交易生态圈,已陆续实现与化塑汇、卓钢链、中农网、海上鲜等平台对接系统的开发,针对性地设计了多种不同的结构化融资产品。银行通过大数据和云计算实现信用评估和风险控制,挖掘客户基础身份数据、平台交易数据等信息,综合风控模型和算法,提供及时、便捷的无感化供应链金融产品,实现了线上申请、线上审批、线上放款、线上还款的全流程高效服务,体现了互联网金融跨地域、跨行业、全天候的优势。

依托卓尔智联数字化、智能化的商品交易平台和全球供应链服务体系的场景优势,众邦银行基于区块链、物联网底层技术,利用区块链分布式账本加密安全、智能合约、防篡改、可追溯等特性,以及物联网智能监管、智能标签、信息化等技术手段,搭建了打通产业体系和金融体系的数据接口和信任机制,推出综合供应链金融产品"众链贷"。分布式记账确保数据真实性,"物流、信息流、资金流"三流可视确保数据安

全性。通过核心企业或平台企业商业信用和交易信息的传递、延伸、流转,弥补了小微企业自身的信用缺位,有效提高小微企业贷款的可获得性。目前"众链贷"已与中农网合作在茧丝项目上做出了有益探索,形成了一套可推广、可复制、低成本的模式,开创了民营银行利用金融科技服务供应链中小微企业的先例。

结合产业互联网平台化特征,众邦银行将金融科技融入到产业互联网的场景中,创新推出华中地区首家开放银行,打造金融服务开放平台,将完整的综合金融服务能力无缝融入应用场景,通过可搭建组件式、模块化的技术应用,形成标准化可输出产品,高效切入合作企业及其产业链上下游,实现"即插即用",有效触达供应链全链条上的中小微企业,快速赋能合作伙伴,打通整条产业链上的供应链金融服务功能。

第五章

B2B 4.0：

以智能互信为核心

"商品、资金、技术、人员流通，可以为经济增长提供强劲动力和广阔空间。"2019年4月26日，国家主席习近平在第二届"一带一路"国际合作高峰论坛开幕式主旨演讲中表示，"我们要顺应第四次工业革命发展趋势，共同把握数字化、网络化、智能化发展机遇，共同探索新技术、新业态、新模式，探寻新的增长动能和发展路径，建设数字丝绸之路、创新丝绸之路"。

这一重要讲话为B2B行业的创新发展指明了方向。以卓尔智联等为代表的B2B平台企业正在构建数字化、网络化、智能化的世界商品交易平台和全球供应链服务体系，推动贸易的全球化、便利化，降低国内及各国企业的交易成本，并实现企业自身的价值和高质量发展。

B2B行业的演进过程，是平台交易方式不断改进和提升的过程。互联网新技术和新商业模式不断交互推进，推动B2B行业一路迭代向前。在B2B 1.0时代，互联网技术极大地便利和满足了交易双方的信息获取需求，信息的对接效率得到了质的提升。B2B 2.0时代，撮合交易式平台逐步发展，B2B平台作为中介参与至双方的交易过程中，通过设计固定流程促使双方直接通过网络达成交易，提升了交易环节的效率。进入B2B 3.0时代，平台开始满足交易双方更多的服务需求，从供需的精准匹配，到交易达成后的仓储物流服务，为了帮助买卖双方加快资金周转提供各种供应链金融服务。

然而，即使B2B 3.0时代的平台已经能够提供交易过程的全生态服务，但仍然存在着平台中参与交易的企业内部与外部的信息流通不够流畅、交易企业各方信任程度与协作效率较低、企业生产的智能化与溯源程度不足等问题。未来，B2B平台将向着更广的交易范围、更高的交易效率、更强的供应链数据处理能力、更深的"三流"融合程度、更完备的信任体系等方向发展。

我国正处于产业经济结构与效率深度调整的时期。B2B平台本质上是提供高效率的供应链解决方案，而产业经济转型升级的契机也为B2B平台进一步升级带来了巨大的机会。

随着区块链、物联网、数字货币、大数据与人工智能等新一代信息技术浪潮的不断出现，这些技术不断被验证了适用于B2B平台的服务场景。未来的B2B形态应该是开放的共享平台，基于大众所认同的底层技术、共识信任机制，众多类型的专业化交易、服务机构共同提供服务，输入真实而准确的数据，并由多方采信，由此实现互联互通、高效协同。我们将这一阶段称作"B2B 4.0"时代。

B2B 4.0是"以区块链技术应用为底层基础的，以物联网、大数据、人工智能、数字货币为支撑的交易和服务平台"，以"交易的数据化、智能化推动贸易的便利化和全球化"。

在B2B 4.0时代，商流、资金流、信息流将真正实现完全融合，贸易效率将划时代增长；在区块链的底层技术下，交易将真实、安全地发生，新的信用体系将重新被定义；人工智能将代替人工，在各个环节辅助交易决策；在万物互联的背景下，随着大数据技术的发展，工业体系将形成清晰、有效的数据支撑。"交易平滑至简、要素无界流动"的全球化贸易理想将真正实现，B2B平台与服务即将走向一个新的时代。

目前，卓尔智联正基于对B2B 4.0的深刻认识及热切展望，紧紧把握新一轮技术浪潮的契机，精准定位，构建以区块链为平台底层，以物联网、人工智能、大数据、数字货币为支撑的新型智能交易平台，打造超级供应链管理门户，以新型贸易平台推动世界贸易的便利化，重新定义B2B乃至世界贸易方式。

新技术的应用与 B2B 4.0 的兴起

B2B 3.0 遇到的瓶颈其实也是互联网、移动互联网红利逐渐消失的缩影。各种区域型、垂直型的 B2B 平台形成了各自体系内的数据孤岛,仅仅靠互联网的基础协议,无法实现更细化、更充分、更安全的数据和各类资源的融合与互联互通。这制约了 B2B 跨越地理局限与行业区隔,难以形成更广泛的交易生态。

举例来讲,互联网仅仅解决了基本交易信息的"数字化",而 B2B 交易环节中最重要的商品位移信息,商品状态实时追踪与全程监控,商品转移、交割的确认,却不是只靠互联网与移动互联网技术的发展就能解决的。

同时,随着 B2B 平台买卖双方数据及交易数据的指数级递增,如何挖掘、处理、利用这些数据来更好地为交易服务,摆脱对人力的依赖,实现更高效、快速、低成本的无人化操作,成为摆在所有 B2B 平台面前的一道课题。

此外,目前跨境贸易中的数字化与标准化难题,也不是传统的互联网与 EDI(Electronic Data Interchange,电子数据交换)技术可以彻底解决的。

值得庆幸的是,随着新一轮技术革命浪潮的来临,人工智能、物联网和区块链等一批新技术的出现、成熟及广泛应用,正在形成新一波的"技术红利期",有望解决 B2B 3.0 时代悬而未决的难题。

在 B2B 3.0 时代及时完成互联网转型的卓尔智联,已经在一些业务上全面开始新技术应用的尝试,正在通过以区块链为底层的新一代智能化、全球化生态圈的构建,引领 B2B 行业从融合服务的 3.0 样态走向智能互信的 4.0 时期。

物联网推进交易流程全面数字化

制造业的发展方向除了制造技艺的提升,还在于工业互联网、工业物联网、机器人等技术的发展助推传统制造业实现智能制造,物联网是这个过程中的基础技术。顾名思义,物联网就是物物相连的互联网,被认为是互联网之后下一个技术主战场。物联网通过智能感知、识别技术与普适计算等通信感知技术,广泛应用于网络的融合中,也因此被称为继计算机、互联网之后世界信息产业发展的第三次浪潮。物联网的终极愿景是实现"万物互联",形成物体与物体之间自由交流、自行协作、自我管理的"物体的社交网络",从而带来生产力的极大解放。

过去的物联网还受制于通信带宽、传感器成本、能耗等技术局限,无法大规模普及。随着 5G 的全面建设,新一代运营商在通信网络设计时,就考虑了建设低功耗广域网以面向万物互联。低功耗广域网能够很好地应对万物互联海量设备接入,通信功耗也更低,可以使更多设备通过传感器接入网络,而不用担心传感器长时间使用的电量问题。接入低功耗广域网的传感器标准统一,体积小,方便扩展,成本低,可以检测的信息也多,能够自主发送信息,实现实时的全程监控。

物联网将带来贸易流程的全面数字化。毫无疑问,物联网技术的持续发展,正在使贸易流程全面数字化成为现实。物联网技术能够协助 B2B 平台完成企业全流程的数字化,通过产业数字化的过程,让整个供应链全部连通起来，实现生产方、代理商、经销商在物流、仓储、加工全过程的全协作、全可视化。

以物流为例，物流是物联网最初成功的应用领域，也是被物联网改造得最深的领域。GPS（Global Positioning System，全球定位系统）、RFID（Radio Frequency Identification，射频识别）等技术在物流领域已经有了广泛的应用。2016 年以后，以 NB-IoT（Narrow Band Internet of Things，窄带物联网）为代表的低功耗广域网，正在支撑一大批新兴物联网应用的兴起。各种传感设备实现了物品的数字化和可视化，物流参与方依据各自业务，构建各自的先进管理系统：货运车队基于物联网管理系统监控运输风险，降低运营成本；仓储和港口基于物联网实现数据记录的自动化；B2B 交易平台基于物联网对行业运力进行综合调度；多式联运基于物联网全流程贯通和高效协作；食品、烟草等行业基于物联网实现物流全流程溯源。

这些物流方面的应用都是 B2B 平台为不同行业打造智能制造系统的初步应用，在领域内耕耘多年的 B2B 平台还可以深入智能制造服务，引入基于计算机数控机床、机器人等高度智能化的自动化生产线，满足个性化定制、柔性化生产的需求，缩短产业的生产周期，通过数据挖掘与分析，使工厂具备自我学习能力，在此基础上完成能源消耗的优化、生产决策的自动判断等任务，最终达成智能制造。

企业内外的信息连通到物联网助力企业实现智能制造，这是未来产业经济的必经之路。B2B 平台可以凭借自身的服务特性，成为这个过程中的助推器；结合物联网技术为企业提供服务，搭建工业互联网与工业物联网，最终实现产业经济的全面数字化与智能化，将 B2B 平台推向高度智能的 4.0 形态。

区块链重塑信任机制与产业协作

物联网构建的数字化物流为"三流"的贯通提供了重要基础,但要实现全面线上交易,还需要把整个交易链条上的各参与方和各个环节——如报价、下订单、对账、物流管理、金融风险核查等——全都搬到线上来,其中涉及的各种单据、证明也全都需要线上化,并直接在平台内流转完成,这样才能打通各个参与方之间的数据孤岛,实现信息流、资金流、物流三流的有机融合,实现全流程的贯通。

区块链这种开放、分布式存储、共享账本的共识机制可以在很短的时间内完成对交易的验证和确认,不仅仅是一次技术革命,更改变着组织、平台的协作形态。[①] 在区块链的技术框架下,B2B的各参与方可以进行公开、透明的协作,新的诚信体系、价值体系和交易秩序将会由此产生。

限制三流贯通的主要问题是各方的互信难题,而区块链技术有望解决这一问题。区块链技术可以将整个B2B全环节参与各方链接在一起,把每一个环节的"三流"相关信息如票据、单证、历史交易记录、物流信息和资金来往信息、信用记录等全部上链,数据分布式存储在各方,经过授权后互相透明可见,无法篡改,形成共识,消除各方的不信任问题。在此基础上,参与交易的买、卖、平台、物流、金融各方都可以对接链上信息,基于彼此认同的各方仓单、货票,乃至数字通证(一种可流通的加密数字权益证明),快速办理完成自身的业务,达成各环节的流转和交易,从而显著提高交易效率,降低成本。

---

① Christidis K,Devetsikiotis M. Blockchains and Smart Contracts for the Internet of Things[J]. IEEE Access,2016(4):2292—2303.

区块链在建立信息机制方面的巨大潜力,正在被互联网公司、政府机构、金融机构等越来越多的组织所认可。2018 年 8 月,由腾讯提供底层技术,深圳市税务局开出了全国首张区块链电子发票。区别于传统的电子发票,区块链发票把"资金流、发票流"双流合一,将线上支付与发票开具合二为一,打通了发票申领、开票、报销、报税全流程。

同月,世界银行委托澳大利亚联邦银行(CBA)使用区块链技术发行债券,在债券发行透明性和融资交易流程简化上实现了突破。与此同时,IBM 和航运集团马士基(Maersk)合力打造的区块链供应链,截至 2018 年 8 月,已有 94 个公司组织加入,大大提高了供应链效率,减少了集装箱运输的烦琐流程,使物流信息第一次在国际航运全流程中实现贯通,为对接信息流、资金流奠定了重要基础。通过区块链技术,对内全面服务各方交易的达成,对外整合订单提升议价权并提供完善综合服务,使整个生态的交易和服务达到最优化,并形成完整的良性产业生态。

区块链就目前来说有三种关系链,即公有链、联盟链、私有链,它们在各个领域有着不同的应用。[①] 一开始就建立一个所有人都达成共识的公有链是不太现实的,许多 B2B 平台已经开始尝试自己作为主导搭建一个联盟链,将 B2B 平台中的企业链接起来。

基于区块链技术,已经为企业提供全生态服务的 B2B 平台可以设置相应的奖励机制,鼓励 B2B 平台上的企业成为区块链的节点,将企业基本信息、交易记录、物流信息与资金来往、信用记录等信息全部存储在区块链上,B2B 平台能够直接获取这些标准化的信息,从而进行进一

---

①　Abeyratne S A, Monfared R P. Blockchain ready manufacturing supply chain using distributed ledger[J]. International Journal of Research in Engineering and Technology,2016,5(9):1—10.

步的处理。B2B平台可以根据企业提交的信息建立相关的信用模型，设置不同的信用级别，完成企业的信用评级。在此之后，B2B平台将企业基本信息、信用评级等非敏感信息在区块链中打通，联盟链中的任何一个节点都可以访问该链上所有企业的基本信息与信用评级，从而让企业快速了解与其交易企业的信用情况，辅助企业完成决策。这样的信用评级及企业的交易物流等信息还可以为B2B平台的金融业务提供服务，让B2B平台能够更高效地为企业提供金融服务，同时还可以吸引第三方金融机构的进驻，最终使参与区块链的企业都能得到快速的金融服务，推动B2B平台上的良币驱逐劣币，使每一个企业都被精准、快速地定价。

　　联盟链最终能够将行业内很多企业链接在一起，建立一个信用联盟。然而这个信用联盟中可能互相合作的企业很少，大部分企业并无直接关系，所以在联盟链中不可能将企业最私密的信息都予以公开。而同时，少数企业之间又保持着紧密的合作关系，此时需要在联盟链的基础上根据企业合作情况构建许多不同的私有链。参与到一个私有链上的企业，一定是原本基于供应链的合作或者有其他亲密合作关系的企业，私有链可以令这些企业的协作升级。基于私有链，可以将企业交易的全流程参与各方链接在一起，把每一个环节的相关信息，如票据、单证、历史交易记录、物流信息和资金来往信息、信用记录等全部记录在区块链中，数据分布式存储在各方，且互相透明可见，无法篡改，形成共识。与以往供应链基础上的企业合作，私有链能够让参与企业之间的合作更加快速，涉及范围也更加广泛。在此基础上，参与交易的买、卖、平台、物流、金融各方都可以对接链上信息，基于彼此认同的各方仓单、货票，乃至数字通证，快速办理完成自身的业务，达成各环节的高效流转和交易，从而显著提高交易效率，降低成本。最终使私有链中的企业互相链接，构成一个高度信任、互相协作的企业网，使每一个价值都可以自由流动。

联盟链构建行业内的信用联盟,私有链承载协作企业实现价值的自由流动。假以时日,区块链最终能够把一个个像"山峰"一样的平台链接起来,构成一个基础设施完善,资源全面互通的综合平台,即"山脉"。"山脉"内提供了高效的基础设施,并用"信息高速公路"连通各个"山峰",作为"山脉"的平台提供基础设施,具体服务和业务由专业化平台提供,这将使整个生态的交易和服务达到最优,并形成完整的产业生态,将 B2B 平台推向高度信任的 4.0 形态。

大数据与人工智能提升产业效率

物联网技术将全流程全面数字化,区块链积累了大量的企业数据与交易数据,数据的积累给了 B2B 平台应用大数据与人工智能的机会。B2B 平台不能只做简单的信息对接,必须促进产业效率的提升。除了为企业提供更多服务,各个环节的效率提升也是关键,大数据与人工智能的应用便是这些环节的润滑剂。

大数据与人工智能可以应用在平台服务的每一环节,只要有大量的数据积累,大数据就有用武之地。首先在交易环节中,无论是信息服务、撮合交易或是融合生态时代的 B2B 平台,首要目的都是帮助交易双方进行信息对接;而当数据积累到一定规模后,B2B 平台便可以根据交易数据,通过智能算法实现更加高效和精确的报价,将供需双方精准匹配;而当供需双方的需求不能完全匹配时,B2B 平台还能根据数据将小企业的订单进行汇聚,与其他大的企业供应相匹配,降低企业交易成本,提升整个交易对接环节的效率。其次,区块链已经为 B2B 平台上的企业建立了高度信任、快速协作的价值流动网络,此时大数据的应用还能进一步提升企业之间的协作效率，不仅是供需匹配，而且从供应商、生产、物流等多个环节进行预测与分析，不断优化多个企业之间的价值流动。

大数据与人工智能除了可以提高企业网络的价值流动效率之外，还能让 B2B 平台加快自身的服务效率，尤其体现在金融服务与物流服务中。B2B 平台可以从各个渠道收集企业的相关数据，结合大数据与人工智能建立相应模型，提升企业信用评价的效率，然后结合企业的交易数据、实时生产信息等数据，完成对企业经营情况的快速判断，从而提升平台金融服务的效率。大数据与人工智能在物流领域有诸多应用点，尤其是在 B2B 物流上，因为 B2B 交易的物流需求广泛且分散，而人工智能的应用则能够通过运力调度、规划使运输效率达到最优。除此之外，大数据及人工智能还能应用于物流的库存管理、仓储管理、智能分拣、路线规划及未来的无人驾驶之中。随着技术的成熟，B2B 平台提供的物流服务将越来越高效与快捷。

企业交易涉及的每个环节都可以产生相关数据，全面数字化的产业经济能够推动大量数据积累，它们将推动 B2B 平台服务中大数据与人工智能的应用。大数据与人工智能就仿佛润滑剂，可以将全面数字化、大量数据积累的产业经济效率推高，将 B2B 平台推向更加高效的 4.0 形态。

构建 B2B 4.0 的开放新生态

B2B 的目标是为了实现高效的供需匹配，保障资金和货物安全、完整、快速的交割。过去，围绕着 B2B 平台的综合服务中心已经形成，交易效率已经得到了提升。但局限于区域性的封闭,各平台间信息和功能并未完全贯通,不能形成高度有效的协同,交易效率仍有很大的提升空间。随着产业经济的进一步发展,随着区块链、物联网、人工智能等技术在 B2B 平台的应用,B2B 平台将马不停蹄地走向智能互信的 4.0 时代,也是我们即将能观测到的 B2B 平台的最终形态。区块链、物联网、大数据和人工智能这些技术的应用将使 4.0 形态的 B2B 平台与以往判若云泥。

随着大数据、物联网、AI、区块链等大批新技术的运用,使交易变得安全、高效,新型信用关系逐渐建立。这种新型共享平台将吸引更多具有公信力的公司加入,共同输入数据,实现信息共享。各类型专业公司提供最专业化的服务,合理解决每一个痛点,交易服务效率得到极大的提高。

物联网技术将物流的全流程全面数字化,对各方透明可见。区块链将各方链接在一起,将交易、物流、资金各环节的信息、单据全面上链,交易参与各方都能够清楚地了解货物位置、权属等信息,了解其他参与方的信用等情况,从而令各方建立起全面的信任机制,共同认同链上的信息,并在链上高效完成资金、票据流转等,实现整个交易和物流各环节的高效、安全。

由于区块链建立了共识机制,不仅是各参与方,各区域平台间也可以很好地打通,从而突破各平台自身的生态边界,构建更加开放而广泛的行业生态。

在交易数据积累成为大数据后,AI 介入到交易、金融、物流各个环节,逐步取代人在其中的验核、执行等操作,降低人的参与度,进一步提高供需匹配和交易、物流各环节的效率。随着 AI 程度的提升,整个交易有望向着从发布需求到完成交易全程自动化的方向发展。

B2B 4.0 时代,B2B 跨境贸易平台也将打破贸易壁垒,将数字货币、智能合约等技术用于国际结算和合同履行,即便是面向陌生交易对象的跨国生意也将变得简单,国际贸易效率得到大幅提升。

在卓尔智联看来,B2B 4.0 形态将呈现以下显著特征:物联网、区块链、人工智能、大数据等大批新技术的应用;物流、信息流、资金流的完全融合,自动化辅助决策,催生划时代的贸易效率;技术确保贸易的真实性,交易安全、高效;推动工业智能化,建立清晰有效的数据支撑;建立高度信任的共识机制与新信用体系;以交易的智能化、数据化推动贸易的全球化、便利化。

在未来 B2B 的组织结构中,区块链将 B2B 平台中的企业都链接到一起,企业之间的关系将由从前的犹疑戒备到完全信任,这是千百年来商业生态的又一次重大革新。例如,联盟链将某个 B2B 平台中的许多企业链接起来,形成一个互相认证的企业联盟圈,每一个在这个联盟链上的企业都认可并支持其他企业的信用评级;私有链将相互合作的少数企业链接到一起,这些企业之间的数据高度透明,相互之间高度信任,能够快速响应其他企业的需求。

随着区块链的发展,不同行业、不同平台的联盟链可能在大型区块链底层基础上继续融合、不断扩张,并逐步成为全国甚至全世界范围内的企业认证体系,这些企业不仅认可对方的信用评级,还可能逐步与其他企业共享数据,展开协作;私有链也是一样,从供应商到终端,甚至包括其他行业的企业,只要可以互相信任,展开合作的企业都可能参与到一个个私有链的扩张中,这样的扩张导致私有链的规模扩大,可能成为一个企业数量与联盟链趋同,同时保留着高度信任、快速响应特性的大规模私有链。

未来,不同行业、不同规模、不同形态的区块链组织可能会不断融合,企业个体之间的信任程度也会逐步增强,最终实现一个广泛高度信任、快速响应的企业大联盟。在企业大联盟的背景下,新的信用体系将逐渐建立。在各方互信的基础上，商品交易将朝着安全、高效的方向发展，催生划时代的贸易效率。

　　随着大数据、物联网、AI、区块链等大批新技术的相继出现和运用，交易将变得安全、高效，新型信用关系将逐渐建立。我们看到交易更加真实高效，全流程向无人化演进，交易对象的选择、交易的决策匹配过程、物流的执行、货品的交割等所有环节都变得"平滑至简"，最大限度地减少摩擦与损耗，而 B2B 平台逐步开放扩大，突破企业、突破产业、突破疆域国界的开放生态愿景正一步步成为现实。

　　此时，旧有的企业交易与合作方式将重新被颠覆，不同行业、不同平台在数据、供需匹配、物流、仓储、金融、供应链管理等环节能够全面被打通，产业经济、商业交易、世界贸易都将迎来一个智能互信的全新历史阶段，呈现"交易平滑至简、要素无界流动"的理想状态，推动世界迎接"新贸易时代"来临。

第六章

区块链重构B2B新生态

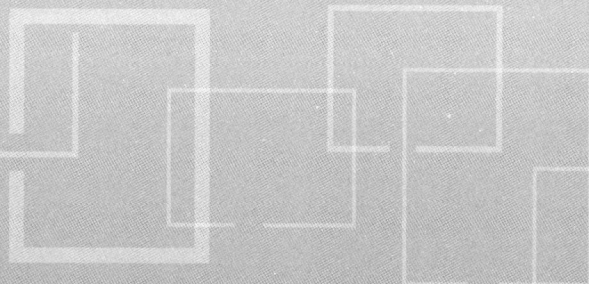

信任被认为是世界上任何价值物转移、交易、存储和支付的基础，在缺失信任的情况下难以完成任何价值交换。最初人们依靠血缘和宗族来建立信任，逐渐发展为依赖宗教道德建立信任，进入现代社会后，法律成为新的信任基石。现实世界中国家、企业、金融组织、社会机构等制度性安排，归根结底是为了解决人和人之间的信任、协作、价值传递问题。随着互联网技术的不断发展和人类社会数字化程度的提升，我们开始从消除信息不对称的信息互联网转向降低价值交换成本的价值互联网。① 算法信任和机器信任将给社会协作提供一种新的信任可能。在这样的背景下，区块链技术应运而生。在基于区块链架构的 B2B 交易生态中，市场参与主体在公开、透明的机制下进行协作，各自对自己定位、对自己信用负责，构建出在"数字化生存"状态下的 B2B 诚信体系、价值体系和交易秩序。

区块链技术的一个重要的应用场景就是由分布式网络系统生成的数字货币。数字货币在发行过程中不依赖特定中心机构，而是通过网络中所有节点共同参与共识过程（如工作量证明）来完成数字货币交易的验证和记录。在没有第三方机构做担保时，区块链技术通过分布式节点验证和共识机制解决了双重支付问题，同时基于数字加密技术和分布式共识算法，实现了在无须信任单个节点的情况下构建可信任的系统。②

尽管区块链技术最初是为了支持数字货币比特币而发明的，但是这种开放、分布式存储、共享账本、共识机制的数据存储结构，持续引发了市场在技术和思想上的变革，并在政府治理、经济形态、企业结构、社

---

①　Subramanian H. Decentralized blockchain-based electronic marketplaces [J]. Communications of the Acm,2017,61(1):78—84.

②　熊熊,张瑾怡.区块链技术在多领域中的应用研究综述[J].天津大学学报(社会科学版),2018,20(3):193—201.

会组织方式等方面,引发了人们的诸多讨论。很多企业已经认识到了区块链在国际支付、身份验证、供应链融资、贸易融资等各方面的应用潜力。新兴的应用程序被开发出来,试图利用区块链来快速、高效地创建和验证交易,跟踪资产,并生成自动执行的共享化、网络化的数字台账。

以区块链技术为支撑的数字货币引起了市场的极大关注,各种空气币、传销币也开始出现,这使各国政府和监管部门对区块链这种"破坏性技术"严阵以待,但与此同时,因为区块链技术将带来的颠覆性的应用前景,各国政府也在思考如何为己所用。例如,美国亚利桑那州和俄亥俄州承认在区块链上存储和交易数据的法律地位,欧洲也于2018年9月正式推出首个受监管的数字货币交易所Blocktrade,韩国增加了对区块链技术公司的财政扶持力度,而我国央行也提出要加强区块链基础技术研究,并组织进行国家数字货币的试点。

欧洲风险投资公司Outlier Ventures发布的一份2018年报告显示,对区块链行业的风险投资在2018年飙升,风险投资总额达28.5亿美元,创历史新高,较2017年增长了316%。美国加密货币报道媒体CoinDesk发布的《全球区块链现状报告》预测,到2025年企业区块链年营收将从2016年的25亿美元增加到199亿美元,年复合增长率为26.2%。[1]

在2018年两院院士大会上,习近平总书记也提到了区块链一词,让业界人士振奋不已。[2]《人民日报》也多次为区块链行业发声,一定程度上反映了国家对区块链行业的重视程度。2018年7月12日,《人民

---

① CoinDesk. 2018 全球区块链现状报告[EB/OL]. [2018-04-08]. https://www.coindesk.com/.

② 人民网.习近平在中国科学院第十九次院士大会、中国工程院第十四次院士大会上的讲话[EB/OL]. [2018-05-29]. http://cpc. people. com. cn/n1/2018/0529/c64094-30019426. html.

日报》发表了《高质量发展，当下有为未来可期》一文，文中指出，我国实施创新驱动战略和新一轮科技革命正处于重要历史交汇期，互联网、大数据、云计算、人工智能、区块链技术与实体经济融合程度进一步加深。可以说，区块链技术是国家未来科技创新重要的战略之一，是未来国际竞争的必争之地。

目前，区块链技术几乎应用到了包括金融、物流和贸易等在内的各个领域，在 B2B 领域也有着不可限量的应用前景。图 6-1 展示了区块链在不同领域不同平台下的具体应用场景。

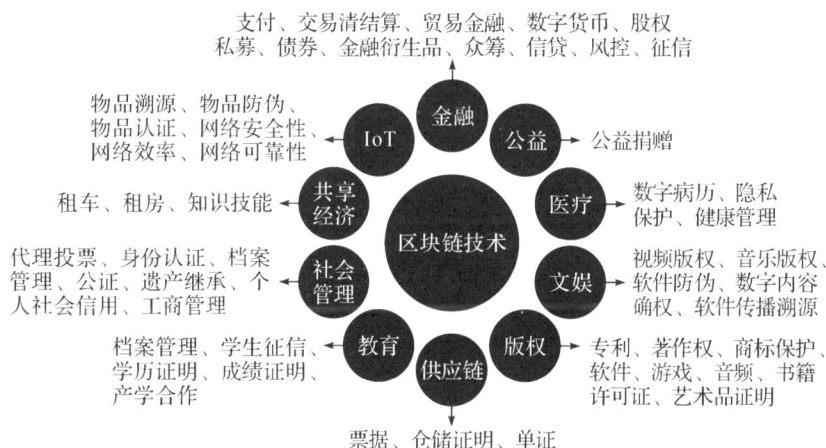

图 6-1　区块链技术的应用场景

B2B 是区块链技术最佳应用场景

B2B 尽管已经有了 20 年发展历程，但其电商渗透率却远远不及 B2C，有业内人士指出，大多数行业的电商交易渗透率低于 5%，有些甚至不到1%。数据显示,2016年全国企业级市场交易总额为230万亿元人民币,其中98%都是熟客直接交易。进入B2B 3.0阶段后,许多B2B平台"回归本质",在提供信息、撮合交易之外,引入了供应链金融、仓储、贸易金融等一系列服务,并希望借助互联网新技术来打造交易闭环,实现交易的"完全线上化"。但在现有的技术架构内,难以完全实现"信息流、资金流、物流"的"三流融合",主要是由于以下三个原因:

首先,对于众多B2B平台而言,搭建自有服务体系是其一直以来的模式,这不仅造成了社会资源的巨大浪费,使资源无法实现最优配置,同时也导致B2B成本居高不下,使买卖双方"线上化"的动力严重不足。

其次,因为B2B交易涉及多个角色、数个环节,单一的B2B平台很难完全覆盖,最后都需要和金融机构、物流、仓储等第三方公司进行协作,才能打破数据壁垒、实现信息共享。但参与者之间存在着数据标准不统一、信息不同步、缺乏统一的底层技术架构等问题,导致B2B交易难以实现真正的闭环。

最后,由于信任关系是贯穿整个B2B交易活动的,买卖双方及相关合作方之间的信任一般都是通过感觉、线下接触和经营资质等初级手段来获得,一旦涉及大量交易额时,买家和卖家都需要耗费大量人力物力,通过各种途径来核实信息,甚至还要依靠中间人、经销商等第三方来获得渠道和经验,不仅增加了企业经营成本,也严重降低了交易效率。

而区块链恰逢其时,应运而生。区块链技术的颠覆性特点,就是可以实现参与者点对点的直接交互,让无数用户和企业变成交易平台最直接的参与者和创造者,将每一个内容、每一条信息、每一个产品、每一项服务,都转换成价值,并通过平台来流通和变现。这种点对点的直接交互,不仅降低了信任成本,还可以极大地促进交易规模化,更好地服务于供应链各个环节。

区块链技术本质上可以理解为交易各方信任机制建设的一个完美数学解决方案。区块链具有去中心化、时序数据、集体维护、可编程和不可篡改等特点。① 区块链采用纯数学方法来建立分布式节点间的信任关系,数据验证、记账、存储、维护和传输等过程均基于分布式系统,形成了可信任的分布式系统;带有时间戳的链式区块具有极强的可验证性和可追溯性,特定的激励机制可以保证分布式系统中的所有节点均可参与数据区块的验证过程;灵活的脚本代码支持自定义智能合约和交易类型;非对称加密技术和工作量证明等共识算法能够保证区块链数据不可篡改和伪造,具有较高的安全性。②

从狭义来讲,区块链是一种按照时间顺序将经过加密的数据区块以链条的方式组合成特定数据结构,并以密码学方式实现不可篡改和不可伪造的共享总账,可以安全存储简单的、有先后顺序的、能在系统内验证的数据。广义区块链技术则是利用加密链式区块结构来验证与存储数据,利用分布式节点共识算法来生成和更新数据,并通过自动化脚本代码(如智能合约)来编程和操作数据的一种全新基础架构与分布式计算范式。③

区块链系统由数据层、网络层、共识层、激励层、合约层及应用层组成。其中数据层封装底层区块及相关的数据加密和时间戳等技术,网络层主要包括分布式组网机制、数据传播机制和数据验证机制等,共识

---

① 陈伟利,郑子彬.区块链数据分析:现状、趋势与挑战[J].计算机研究与发展,2018(9):1853−1870.

② 何蒲,于戈,张岩峰,鲍玉斌.区块链技术与应用前瞻综述[J].计算机科学,2017,44(4):1−7,15.

③ 袁勇,王飞跃.区块链技术发展现状与展望[J].自动化学报,2016,42(4):481−494.

层主要封装网络节点的各类共识算法,激励层则是将经济激励集成到区块链技术体系中,如发行机制和分配机制等,合约层主要封装各类脚本、算法及智能合约,最后应用层封装了区块链的各类应用场景和案例。其基础架构模型如图 6-2 所示。

| 可编程货币 | 可编程金融 | 可编程社会 |
| 应用层 |

| 脚本代码 | 算法机制 | 智能合约 |
| 合约层 |

| 发行机制 | 分配机制 |
| 激励层 |

| PoW | PoS | DPoS | …… |
| 共识层 |

| P2P网络 | 传播机制 | 验证机制 |
| 网络层 |

| 数据区块 | 链式结构 | 时间戳 |
| 哈希函数 | Merkle树 | 非对称加密 |
| 数据层 |

图 6-2 区块链基础架构模型

B2B 可以说是最好的区块链应用场景之一，区块链技术可以为 B2B"三流合一"提供底层技术平台。[①] 生产、交易、金融、物流、信用认证、产品追溯——几乎所有环节的数据都可以上链，并可以完全保证数据的真实性和有效性。

更重要的是，与物联网、人工智能等技术结合之后，区块链可以为信息流、资金流、物流提供一个数据互通的底层平台，解决数据割裂问题。通过多终端信息协同、全产业链可追溯与智能合约机制（以信息化方式传播、验证或执行合同的计算机协议，允许在没有第三方的情况下进行可信交易，这些交易可追踪且不可逆转），打通 B2B 的整条供应链，同时与第三方金融机构、仓储物流平台、B2B 服务商等机构实现信息透明、共享，打造一个高效、低成本、开放共赢的 B2B 底层平台。

区块链促进 B2B 交易完全线上化

相比于 B2C 的突飞猛进和渗透率的节节攀升，B2B 之所以遇到瓶颈，很重要的一个原因是难以完全实现交易线上化。

B2B 平台基本实现了买卖双方信息和撮合交易的线上化，然而买卖双方在平台找到彼此之后，部分询价、签约、交割、仓储、物流等环节还是在线下完成，不仅浪费了巨大的人力、物力资源，B2B 平台也因为难以跟踪这些信息，从而无法提供更优质的服务。只有买卖双方都把客户关系放在平台上来，将商品报价、采购订单、销售订单、应收应付对账、收付款、物流管理等都通过平台完成，才算实现了交易中信息流、资

---

① Pustisek M, Stefanic Juznic L, Kos A. Blockchain support in Iot platforms [J]. Ipsi Bgd Transactions on Internet Research, 2018, 14(1).

金流、物流的闭环。

而通过区块链技术,则可以把每一个环节的票据、单证、历史交易记录、物流信息和资金来往信息、信用记录等全部上链,在统一的数据写入标准之下,形成一条不可篡改、可追溯的数据链路,从而解决现有 B2B 平台"无解"的"交易线上化"难题。在此基础之上,银行、担保、保险公司等第三方金融机构可以对接链上信息,形成自动的供应链金融智能合约,使 B2B 交易完全线上化,并带来交易成本的大幅降低。麦肯锡在一篇报告中表示,到 2021 年,在 B2B 交易中区块链至少能够为企业节约 500 亿美元。

B2B 交易线上化打通了供应链的各个环节,使原本因为交易成本过高而不可能发生的交易变得可能。与此同时,交易流程的共识化、标准化、通畅化、通常化,会明显提高交易速度,缩短商品的流通周期。B2B 3.0 时代的电商平台,由于交易撮合、在线支付、物流、仓储等服务都由平台提供,导致成本居高不下。而在基于区块链的 B2B 4.0 电商交易生态中,第三方服务商竞相提供优质低价的服务,成本由此得以大幅降低。

区块链塑造全新的 B2B 信任机制

在《区块链世界的首席营销官入门》一书中作者杰瑞米·爱泼斯坦(Jeremy Epstein)认为:"信任对 B2B 销售的成功至关重要,而区块链技术可以促进低成本受信任关系的创建。"目前来看,由于 B2B 平台尚未很好地解决信任问题,所以很多交易仍是通过线下的熟人关系来完成。一旦涉及陌生交易,买家无法准确知道卖家的信用状况,就只能凭借自己的经验和判断做出决定。而且与 B2C 以小额交易为主不同的是,B2B 往往涉及大额交易,风险呈几何倍数增长。买家需要通过各种途径对卖家信息进行核实,耗时耗力还不一定能得到准确信息;卖家也同样无法掌握买家的信用情况,对于能否按时结清货款抱有疑虑。

B2B 平台如果要为买卖双方提供信用背书,将背负起巨大的信用核查成本,面临着违约、纠纷等"引火烧身"的风险,这也是许多平台坚持自营模式的原因,只有这样收益才能与风险相抵。如果引入第三方支付机构作为支付中介,又会增加交易的环节和参与方,提高了交易成本。

区块链一方面可以将不可篡改的买卖双方交易、信用记录上链,使买卖双方"信用透明",每一次失信成本都高到不可承受。另一方面,交易各方的集体记账既可以解决信息不对称的问题,也能避免因为产业链、供应链过长造成的虚假数据、篡改数据等问题。正因为区块链是各方共识的真实账本,各方都会认账,这种建立在数据真实、透明、互通基础上的信任机制,可以大大减少传统信任机制的成本。

区块链打造无边界的 B2B 生态平台

基于区块链的开放生态,B2B 平台"重复造轮子"的问题将得到有效解决。如图 6-3 所示,B2B 平台不再一手包办所有服务,而是每一种类型的服务都由专业化公司来提供,这将彻底颠覆现有的 B2B 市场格局。据此来看,区块链技术对现有的 B2B 平台,既是一次机遇,同时也是颠覆性的挑战。

一方面,区块链既可以促进交易的线上化、解决长期困扰平台的信

图 6-3　基于区块链的 B2B 生态

任问题,使供应链更加透明高效,从而大幅降低 B2B 交易的成本。另一方面,区块链的价值主张又是淘汰交易中间人,实现更为独立自主的交易。现有的市场参与者再也不能利用法律、监管、信息和权力的不对称性从交易里抽取过高的价值。[①] 随着基于区块链的 B2B 交易平台的出现,B2B 平台自身的定位也必定要相应发生改变。

因此,未来 B2B 平台所需要思考的并不是“怎么能让买卖双方依附于自身”,而是如何聚拢整个交易链上的各个节点,如何提供一套更加智能、便利的底层基础服务,如何更好地解决不同市场参与者之间的信任和数据孤岛问题,吸引更多第三方服务机构入驻其中,并被更多业界人士认可。

如图 6-4 所示,在 B2B 4.0 阶段,需要建立一套参与者都认可的共

---

① ［加］唐塔普斯科特,亚力克斯·塔普斯科特.区块链革命:比特币底层技术如何改变货币、商业和世界[M].凯尔,孙铭,周沁园译.北京:中信出版社,2016.

102

识机制,通过设计激励机制、形成联盟链或者公有链的方式来动员行业力量的加入。平台不仅提供数据处理支持,同时设计平台的规则,制定数据的最低写入标准。此外,还可以通过发行数字通证的方式,把参与各方对平台的贡献和价值资产化,让每一个角色的价值和服务都能被精准定价。在这个基于区块链的 B2B 开放平台中,通过共识机制和智能合约等算法对生产关系和经济体系进行重塑,从而打造理想中的无边界 B2B 生态平台。

图 6-4　无边界 B2B 生态平台构想

　　基于以上的认知和设想,由卓尔智联集团联合新加坡交易所、新加坡国际电子贸易公司共同出资,在新加坡上线的世界商品智能交易中心(CIC)以区块链为底层技术,以互联网、人工智能和数字货币等为支撑,搭建了一个连接中国市场、服务全球贸易的全球 B2B 生态平台。在"共识信任"理念下,区块链技术将最大限度地激励各市场参与方的创造力,实现精准的主体间利益分配,履行协作、共建、共治、共赢的新贸易文明。

区块链在 B2B 平台的应用

互联网诞生之初,解决了信息制造和传输的核心问题,只要接入互联网,就可以快速生成信息并进行复制传播,但目前价值转移和信用转移的问题始终未能解决。价值转移是指用网络中每个人都能认可和确认的方式,将某一部分价值精确地从一个地址转移到另一个地址,并且确保价值转移后,原来的地址减少了被转移的部分,而新的地址增加了所转移的价值。[①] 区块链技术的出现为价值转移和信用转移提供了新的解决方案,系统的多个参与方无须相互信任就能完成各种类型的交易和协作,真正实现了以信用共识为基础的价值转移。

智能合约作为区块链系统中的合约层,是一系列部署在区块链上的可执行代码,它利用算法和程序来编制合同条款、部署在区块链上且可按照规则自动执行的数字化协议。[②] 在预定条件被满足时,智能合约能够自动强制执行合同条款,实现"代码即法律"的目标。开发适用于 B2B 平台的智能合约,可以提高平台的智能化水平,如自动执行记录存储、资金流动等任务,能够帮助简化业务操作并提高效率。高度自由化的脚本代码不仅可以为 B2B 平台和交易双方节约巨大成本,还能够实现可信任的智能交易系统。

---

① [美]梅兰妮·斯万.区块链:新经济蓝图及导读[M].北京:新星出版社,2016.

② 邵奇峰,金澈清,张召,等.区块链技术:架构及进展[J].计算机学报,2018,41(5):969−988.

随着区块链技术的发展,未来区块链可以为各类 B2B 平台提供分布式的解决方案,实现全球范围内数字化的资源分配和价值转移,提供基于企业价值网的协作工具。

无摩擦的 B2B 可信任交易平台

区块链技术的出现和应用让网络中成千上万分布于世界各地的节点以平等的方式运行和维护同一个区块链网络,只要节点造假不超过50%,就不会妨碍系统的正常运行。[①] 相比于原来的系统架构,众多市场参与者作为独立节点共同组成区块链系统,它具有更大的容错性,整体上不容易遭到破坏;攻击成本和难度大大提升,系统也更难遭到破坏和操纵;基于区块链的可追溯性和不可篡改性,B2B 平台中的任意一方都很难通过数据篡改或合谋等方式为自己谋取更多利益。

"随着区块链技术的出现,以及这项技术所带来的简化流程、削减成本以及淘汰中间人等潜力,这是否意味着现有 B2B 网络会更加繁荣?"《福布斯》杂志在 2017 年的一篇文章中曾经预言区块链或将催生更智能的 B2B 市场。

区块链系统可以更好地推动协作,让平台参与者进行几乎毫无摩擦的合作。全网的参与者都可作为交易的监督者,B2B 交易双方可以在无须创建信任关系的前提下完成交易,实现价值的转移。[②]

在基于区块链技术打造的 B2B 交易平台中,两个或多个参与方之

---

① 谢辉,王健.区块链技术及其应用研究[J].信息网络安全,2016(9):192-195.

② 龚鸣.区块链社会:解码区块链全球应用与投资案例[M].北京:中信出版社,2016.

间可以直接进行可信任的交易,这些交易会通过大规模协作进行校验,并由集体的利己动机驱动。虽然目前尚无完全闭环的区块链 B2B 交易平台,但一些基于区块链的 B2B 撮合、营销等平台正在出现,这些零星的尝试正在从边缘向中心地带发起冲击。

基于智能合约的 B2B 智能交易系统

智能合约的概念最早在 1994 年由学者 Nick Szabo 提出,最初被定义为一套以数字形式定义的承诺,包括合约参与方可以在上面执行这些承诺的协议,其设计初衷是希望通过将智能合约内置到物理实体来创造各种灵活可控的智能资产。区块链技术的出现重新定义了智能合约。作为区块链系统中的合约层,智能合约是一系列部署在区块链上的可执行代码,具有不可篡改、自治化等特性。[①] 代码和状态信息存储在区块链上,通过交易事件触发并且在所有节点上运行,在产生共识结果后,将改变后的状态信息记录在区块链中。智能合约的"智能"之处在于合约的有效性和执行力依靠的是计算机代码和密码学原理,而不用依靠任何信用背书。例如,以太坊平台提供了图灵完备的脚本语言,满足用户构建精确定义的智能合约或交易类型。即用户在交易中不需要双方的自我约束,也无须依赖第三方来保证履约,更不需要求助于法律制度来解决纠纷;智能合约可以及时、客观地执行合约约定的各个事项。[②]

[①] Ethereum White Paper. A next-generation smart contract and decentralized application platform [R/OL]. [2015-11-12]. https://github.com/ethereum/wiki/wiki/WhitePaper.

[②] 熊健坤.区块链技术的兴起与治理新革命[J].哈尔滨工业大学学报(社会科学版),2018(5):15—18.

对于交易流程漫长、环节众多、条款复杂,极易出现纠纷问题的 B2B 交易来说,智能合约可以一键锁定这些风险。B2B 各参与方可以在合约中就主要内容、合约条件、违约责任和外部数据源等达成一致,检查和测试合约代码无误后部署在区块链中,就可以代表各签署方自动化地执行合约。其可编程特性允许在合约签署完毕后任意增加复杂的条款。这将进一步提高 B2B 交易系统的智能化水平,自动实现数字身份验证、资金审查和清算、资产交割等,不仅简化了交易流程,也为流程中的每一个环节提供实时可见性。

当交易各个环节中的数据都接入区块链时,智能合约可以自主、自治地进行点对点交易,不需要任何干预就可以自动运行。对于 B2B 交易系统而言,在不同节点数据打通的基础上,可以基于机器学习、神经网络等算法提供诸如客户行为分析、自动定价、需求预测、精准营销等服务,从而成为一个更加智能化的交易系统。

目前,已经有 B2B 电商平台在积极探索智能合约的应用。去年,美国电商平台 5miles 旗下的 5xlab 实验室正式推出了智能商业合约区块链 CyberMiles。CyberMiles 建立了共计 12 个大类、371 个小类别的商业合约定制模版,以完善对多种商业场景的支持,打造一个适用于现实世界商业合约的基础区块链及其组件,以及包括各类型的商业合约模版。

数据开放环境下的新一代 B2B 协作工具

互联网几十年的发展带来了电子邮件、社交媒体、移动网络等早期生态,极大降低了信息搜索、在线沟通和业务协作的成本。进入数字化时代,技术发展所带来的社会经济繁荣让人类更加尊重和维护彼此的权利。但这也让一些不法分子的诈骗、盗窃活动等更加猖獗。

面对 B2B 海量的商品数据、客户数据和交易数据，如何解决合作过程中的隐私性、安全性和包容性问题显得尤为重要。此外，B2B 交易天然会涉及企业之间、各环节参与方之间的协同问题。在过去，B2B 的参与者都是一个个数据孤岛，每一家都有自己的内部账本，孤岛之间互不连通，信任关系难以达成，协作更是要在"孤岛"之间艰难地搭建桥梁，B2B 之间的协作意味着要打破企业之间的"数据壁垒"，还要与 B2B 平台、客户、物流、金融服务商之间进行数据和业务协同。

区块链技术的时序数据、集体维护和安全可信等特点为解决这些问题提供了新的方向。在基于区块链的 B2B 交易平台中，数据验证、存储、维护和传输等过程均通过分布式系统，采用数学方法来建立分布式节点间的信任关系，带有时间戳的链式区块结构增加了数据的时间维度，增强了数据的安全性和可追溯性；结合 B2B 交易特性的特殊经济激励机制，可以保证 B2B 分布式系统中所有参与节点均可参与数据区块的验证过程，并通过共识算法来选择特定节点，将新区块添加到 B2B 区块链中；基于非对称密码学原理的数据加密在保护节点隐私的同时，还可以保证数据不可篡改和不可伪造，具有极高的安全性。区块链技术的出现带来了一个新的契机，可以更好地改进 B2B 各参与方之间的协作问题。

要完全实现 B2B 交易的线上化，不仅需要解决不同参与方的信任问题，还需要打造一个低成本、集体协作的网络体系。《经济学人》曾经把区块链技术比喻为"信任的机器"，可以为彼此的协作创造信任。另外，区块链的高精度奖励模型可以深化 B2B 交易方参与协作的程度，该程度与其在社会经济中协同关系的多样性和强度成正比，高精准回报更加增强了系统中的自主协作精神。

通过智能合约和工作量证明等机制，区块链技术将成为 B2B 交易中的新一代协作工具，高效率、低成本地解决数据孤岛和协作壁垒问题。通过区块链技术，可以把供应链中上下游协作的单位组织起来，把重要的交易信息在同一个账簿上记录反映出来。此外,在 B2B 协作社区中,能够将各种所需资源进行合理调配和协作,并通过预先设定好的规则,对参与到整个协作系统中的节点进行奖励,来促进资源更加合理地分配,同时吸引更多资源持续地参与到这个系统中。

CIC:以区块链为底层,构建全球商品智能交易平台

2018 年 10 月 12 日,在新加坡企业发展局支持下,由卓尔智联集团、新加坡交易所、新加坡国际电子贸易公司(简称"GeTS")共同出资、联合打造的世界商品智能交易中心(以下简称 CIC)在新加坡正式上线。这是一个以区块链为底层,以互联网、人工智能、数字货币等为支撑的世界级新型商品交易平台。CIC 是新加坡首例,也是第一个连接中国市场、服务全球贸易的大宗商品 B2B 交易平台。

CIC 以区块链技术为底层,搭建新型的全球商品贸易平台,覆盖195 个国家和地区,为世界各地贸易商提供大宗商品的交易匹配及一站式物流、通关、金融、大数据等服务,以交易的数据化、智能化,推动贸易的便利化、全球化。目前 CIC 上线的主要商品包括化工塑料、有色金属、黑色金属、农产品、油品等 5 大类目。该平台采用了 10 种贸易语言,覆盖了世界主流语种及亚洲重要的资源国家的语言,让人们能够以自己的母语轻松做贸易。

区块链技术天然的分布式存储、不可篡改、共享维护等特征,能够实时跟踪各交易方的进展,为价值传递和交换提供可靠保障。基于区块链技术这样的特征,CIC 积极探索区块链技术在全球跨境贸易场景中的实践应用,努力实现让交易平滑至简的公司愿景。

CIC 搭建了一套基于供应链全流程节点共同维护的联盟链,在联

盟链中建立数据维护的参与规则与激励机制,鼓励供应链节点中的企业参与和维护供应链数据,促进供应链数据的协同和互通,进而提升整条供应链的透明度。

同时,CIC在区块链技术的创新实践中,逐渐认知到区块链并不单纯是一种技术,而是一种社会化的"共识信任"理念,全球交易将更加实时而精准地完成主体间利益的合理分配,最大限度地激励各参与方的热情和创造力,履行协作、共建、共治、共赢的新商业文明。

借助于合作伙伴GeTS的"一键通关"平台和全球数十个国家的直接通关协议,CIC能够使没有贸易协定,或者说并无直接贸易渠道的国家之间能够顺畅、快速地开展国际贸易,架起一座基于互联网的贸易之桥(见图6-5)。新加坡的全球贸易中心地位,通畅的国际贸易通道,便利化通关,完善的国际金融和贸易服务,将持续发挥巨大的价值和作用。

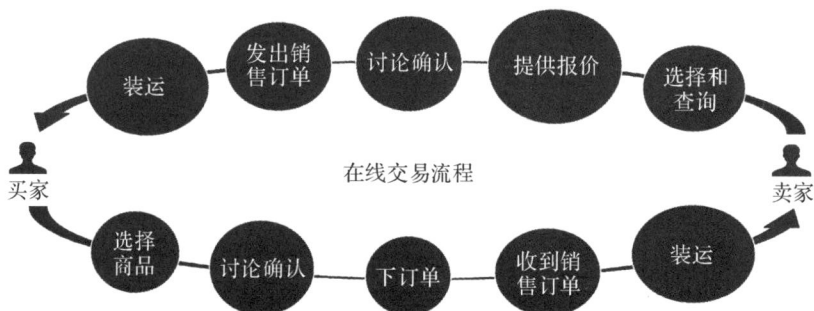

图 6-5　基于互联网的 CIC 国际贸易流程

CIC已开通与GeTS及其亚洲10余个国家和城市的合作平台,签署区块链合作战略协议,启动世界首个跨境贸易区块链。开放贸易区块链将为在CIC上实现交易的双方提供完善且高信任度的物流数据跟踪和验证,同时采用区块链智能合约技术实现与物流金融的对接。区块链技术可以突破性地在跨国交易对象间建立信用机制,加快贸易速度,使贸易成本更低、效率更高,更便捷化、全球化。

CIC 打造的区块链将为客户提供两大类服务：去中心化的交易数据超级账本服务（数据上链）和数字资产交易中心。

1. 交易数据的上链，可以让整个供应链金融企业据此评估风险控制模型。由于整体透明度的提高，行业风险将被极大地降低，参与各方均将从中受益。

2. 数字资产交易中心是真正意义上的供应链金融平台。平台负责提供供应链信息；第三方中介机构（CIC）可以基于平台信息进行整合，提供更加定制化的供应链金融服务产品（数字资产挂单交易），这种服务将更加精细化、个性化；智能合约服务公司也可以基于平台提供的 API 接口，开发金融模型，并出售给第三方金融机构和保理公司。在未来的供应链金融平台，可以将应收账款细分，根据不同的节点状态建立金融模型，进而产生非常多不同的金融衍生品。

图 6-6 说明了供应链金融机构（以 CIC 为例）如何借助数字交易所及区块链技术（联盟链）来增强市场中抵押资产的流动性。CIC 未来将全面采用区块链技术，通过数据写入、分布式记账和智能合约，实现商流的透明化运行，降低传统渠道信息传递成本和交易费用。

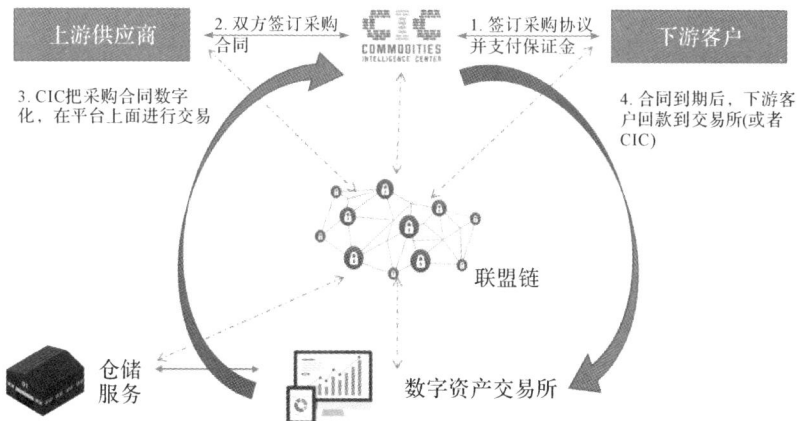

图 6-6　区块链＋供应链金融

区块链在 B2B 金融中的应用

　　金融服务能力是 B2B 平台的核心能力之一,如何帮助客户解决资金占用、快速回款、抵押贷款等问题,成为 B2B 平台的主要目标之一。在传统的金融体系中,银行由于无法很好地对垂直行业的中小企业做风险管控,往往只向大型企业和核心企业提供服务,难以直接为中小企业提供融资服务。即便可以为 B2B 交易提供资金支持,也需要应收账款、预付账款、存货等资产的抵押质押,大大降低了企业资产的流动性。此外,B2B 平台中的中小企业在寻求其他资金支持时,行业天然的信息不对称问题导致存在大量中心化的信用中介和信息中介,极大地增加了资金往来成本。区块链技术具有普适性的底层技术框架,其分布式结构、集体维护和数学加密等属性可以极大降低建立 B2B 金融信任的成本。

　　B2B 平台在掌握了企业第一手的交易数据、经营状况、信用记录之后,对于平台企业更加知根知底,可以提供传统金融机构无法提供的服务,但这对于平台的供应链管理能力、风险成本控制能力、金融创新能力也提出了更高的要求。区块链天然具有颠覆传统金融体制的潜力,也天然适合大规模、分布式的金融场景,通过与信息流、物流数据的结合,可用于为 B2B 平台企业提供更低成本、个性化、安全、快捷的金融服务。下面将对区块链技术在供应链金融、贸易金融和征信等典型 B2B 金融应用场景进行梳理。

区块链助力 B2B 供应链金融升级

据工业和信息化部信息中心的数据显示,2018 年中国供应链金融市场规模为 13.68 万亿元,2020 年预计将增长至 15 万亿元。[①] 供应链金融是运用供应链管理的理念和方法,为相互关联的企业提供金融服务的活动,其实质是为供应链链条上的企业提供金融服务,这种服务穿插在供应链中。供应链金融的融资模式主要包括电子仓单质押融资模式、电子订单融资模式(无质押)、电子订单融资模式(质押)、线上预付账款融资和线上应收账款融资。[②] 其中,提供融资服务的主体包括银行、核心企业、供应链公司及服务商、B2B 平台等多方参与者。

在传统的 B2B 行业中,供应链金融是典型的多主体参与、信息不对称、信用机制不完善的非标准场景。B2B 供应链金融涉及的参与方复杂多样,包括应收账款付款方、银行、征信机构和保理机构等,在进行供应链融资时,由于不同主体之间都需要完成信任认证、财务对接,所以往往需要耗费数周时间,而且层层中间人的存在令手续费用居高不下。此外,由于供应链金融贯穿商品从生产、流通、消费所涉及的所有环节,前后覆盖数百个阶段,跨越数十个乃至上百个区域,金融提供方难以对交易从头至尾地进行追踪。也正是因为上述原因,核心企业在供应链金融中才占据了"核心"地位。一个核心企业贯穿着众多上下游企业,掌握着它们的交易数据和应收、应付账款,且由于企业实力较强、资金

---

① 工业和信息化部信息中心. 2018 年中国区块链产业发展白皮书[EB/OL].[2018-05-20]. https://www.sohu.com/a/232304397_374240.

② 雷蕾,史金召.供应链金融理论综述与研究展望[J].华东经济管理,2014(6):158－162.

雄厚，能够提供信任背书。这也导致核心企业模式成为传统 B2B 供应链金融的主导模式。

核心企业作为供应链内信用最高的节点，层级越向外、向下延伸，信用也会逐步衰减。只有与核心企业关系密切、订单稳定的一级供应商、一级分销商能够获得信用背书。而供应链末端的大量中小企业因为信用逐渐递减，虽然融资需求最为强烈，却难以得到正规金融机构的支持。

区块链作为一种分布式账本，为 B2B 各参与方提供了平等协作的平台，降低了不同机构、不同层次间的信用协作风险和成本。区块链可以直接对接金融、风控、物流、仓储各类服务机构，链上的企业通过提供相应的数据，获得对应的服务。例如，为银行、小贷等金融平台提供用户、订单、物流、仓单、合同等信息，对接助贷、三方征信等机构提供的风控服务，企业可以直接获得金融平台提供的各类金融服务。区块链对接的仓储和物流机构同时可以为其风控提供一定的支撑。B2B 各参与方共同参与，整套的数据运作模式将传统的尽调模式更多地线上化。

由于链上信息的可追溯性和不可篡改性，货物在供应链中的生产、转移、流转等各个环节的数据是真实可信的，多个机构之间能够实时进行数据同步和对账，提升了整个行业的透明度。区块链平台的搭建，可以打通不同层次交易主体间的关系，从而实现对没有直接与核心企业交易的远端企业的信用传递，很大程度上弱化了供应链金融对于核心企业的依赖，将范围扩展到整个供应链的最末端。可以说，区块链实现了信用一级级的传递。

企业的数据上链后，将通过多方的场景验证来保证交易的客观性和真实性。链上各服务机构掌握的信息流、物流数据可以和资金流向进行三方互验，例如，配合物联网和车联网技术，物流仓储机构可以甄别对应订单有没有物流商承运，有没有出现车联网的 GPS 数据，车辆有无载重,有没有仓库的对账单、入库单、出库单等。这些数据可以和金融机构的资金流进行互验,以校验企业的融资需求是否是基于平台内的真实交易。这种多方互验的游戏规则,为企业设置了相当高的违约成本。

在此基础之上,区块链将进一步提高 B2B 平台的风险管控能力,从而最大限度地满足平台企业的融资需求,提高盈利水平。具体而言,区块链将保障交易数据、单证、合同的安全、完整、不可篡改、可追溯,结合智能合约则能够完成智能清算,从而大大降低违约、纠纷的发生概率。

区块链在供应链金融领域的运用场景体现为以下两个方面:

(1)供应链金融联盟链

联盟链是介于公有链和私有链间的一种区块链类型,是一种由合作伙伴共同参与建设的区块链底层结构,由于天然具备生态性和开放性,可提供成员认证、授权、监控、审计等管理功能,解决成员之间的互信问题,因而是最适宜 B2B 运用部署于供应链金融的技术。

联盟区块链的最大特点在于其共识过程受到预选节点控制。与公有链不一样,联盟链的节点数量有限且有准入标准限制,新节点准入需要全体节点的认可。因此,联盟链也不存在公有链经常遭遇的"分叉"难题,比较容易达成共识;联盟链的数据仅限于内部访问,而且可以为不同层次的成员设定不同的隐私权限,所以数据隐私程度较高;相比于公有链,联盟链更具有私有链的一些特性,因为其节点有限,更容易达成共识,所以交易速度、性能也比公有链更加迅速。

除了商品防伪追溯、大数据安全、保险防欺诈等领域,联盟链的主要落地场景就是在供应链金融领域。布比网、秒钛坊、链融科技、中企云链等互联网金融服务平台都在推进自己的供应链金融联盟链,积极探索区块链＋供应链金融应用场景。

(2)基于区块链的供应链金融 ABS

供应链金融 ABS 是应收类供应链金融融资产品与资产证券化的结合。资产证券化是以未来可以带来的现金流收益为保证,通过在资本市场发行债券来募集资金。在供应链上利用这一金融工具,上游企业可以开辟新的融资渠道,降低对传统银行的信贷依赖,并加快资金回笼速度。可以说,供应链金融 ABS 盘活了流动性的供应链金融资产,帮助中小企业解决融资难的现状。

2018 年,我国供应链金融 ABS 取得了迅猛发展。2 月 1 日,首单以央企作为核心企业,并采用储架发行模式的供应链金融 ABS 获得上海证券交易所审议通过。随后,小米、碧桂园、比亚迪、滴滴等企业都发行了供应链 ABS,但现有的供应链金融 ABS 大多是以核心企业上下游交易为基础,仍然未能跳出核心企业的"1＋N"模式。区块链使用非对称秘钥、共识算法等技术,具有去中介信任、防篡改、交易可追溯等特性。运用区块链技术,每一笔基础资产的真实性可被所有参与主体确认并共享,资产的每一次转让都完整真实地记录在区块链上,方便追踪资产所有权,这能有效防止"一笔多卖"现象。另外,区块链可以录入供应链上的每笔交易,并开放给所有的参与者,从而实现对交易的真实呈现,甚至可以消除核心企业对资产和交易的信用背书。总的来说,区块链与 ABS 行业相结合,可以解决供应链金融 ABS 中普遍存在的由于信息不对称导致的信用问题,大幅度提升项目的效率、安全性和可追溯性。

基于区块链可以构建供应链金融资产证券化联盟链,让基础资产端、证券化服务方、投资方等各参与方共同维护账本,从而打通供应链各参与方信息孤岛,促使信息透明化,提升风险发现与控制能力,实现对底层资产从生成、打包、评级、出售到售后管理的全生命周期管理。同时,通过区块链对资产数据进行标准化,可以满足交易所的监管要求,便于监管审查,为实现资产证券化奠定基础。

区块链促进 B2B 贸易金融生态化

贸易金融是银行在贸易双方债权债务关系的基础上，为商品和服务贸易提供的贯穿贸易活动整个价值链的全面金融服务。它包括贸易结算、贸易融资等基础服务。贸易金融涉及信用证、保函、保理、票据许多品类，有大量可以通过区块链进行确权增效的环节。

通过将信用证、保函、保理、票据等贸易融资工具区块链化，让银行、海关、税务、司法、工商以及贸易双方等一起加入生态体系内，不仅可以解决银行间数据传输的问题，也可以帮助银行、监管机构识别贸易的真实性，跟踪信贷风险，同时降低贸易金融的受惠门槛。下面将详述区块链在 B2B 贸易金融中的应用。

（1）票据

票据是贸易融资的重要工具，然而由于信息不透明，这个市场被大量的掮客、中间商所盘踞，"一票多卖"等风险层出不穷，因此票据在信用传递过程中一直需要第三方来确保交易双方的安全可靠。图 6-7 展示了传统承兑汇票的贴现流程，由于信息闭塞，各参与方形成信息孤岛，信息的稀缺性一直是票据市场长久以来的高频痛点，而区块链的防篡改机制可以有效解决这些问题。

图 6-7　传统承兑汇票贴现流程

基于区块链中智能合约的使用,可以控制价值的限定和流转方向。同时,区块链的时间戳使监管的调阅成本大大降低,数据也变得可追溯。票据的出票、承兑、贴现等操作都记录在链上,有效降低了市场风险和道德风险,提高了交易效率。同时,对于监管规则,也可以在链条中通过编程来建立共用约束代码,实现监管政策全覆盖和控制。

(2)信用证

传统信用证目前仍然以纸质形式传递,不仅安全性低、易篡改,而且很难校验其真实性。银行间的信用证开立目前仍然没有实现数字化,如果发生信用证修改、到期等情况,也无法直接、快速地予以体现。

引入区块链技术后,可以通过链接买方行和卖方行的联盟链,实现信用证链上实时写入,实时读取以及实时验证验押,从而降低信用证的在途时间,加快资金周转速度,实现点对点之间的价值传递。[①]

(3)保函

传统保函业务的多数流程需要人工参与,不仅效率低下,而且人力成本也偏高。不仅如此,保函也存在着造假的可能,遗失后补办困难,缺乏信任机制,索偿不便,受益人利益有时难以保障。保函相关方业务流程相互独立,存在信息不对等的情况。

保函业务区块链管理平台,可以吸引保函业务相关方加入。并且,从招标、开具保函到保函撤销过程中的关键信息均可以生成区块保存在区块链中,业务相关方相互孤立的业务流程可以连通。另外,所有业务信息都存储在区块链上,可保证信息安全、透明、不可篡改。

利用区块链技术,可以实现信息共享,加快信息流通,减少信息不对等造成的风险。同时连通业务相关方的流程,提升各方工作效率,有效降

---

① Eyal I. Blockchain Technology：Transforming Libertarian Cryptocurrency Dreams to Finance and Banking Realities[J]. Computer,2017,50(9):38－49.

低成本。

（4）保理

传统国际保理业务面临的问题主要是海外分支机构不是国际保理会员，无法使用 EDI 系统进行报文信息交互，工作效率低，安全性不足，客户体验较差。发票、贷项清单等以纸质方式传递，安全性低，校验难。海外分支机构与国内分行没有信息交互渠道，只能通过 SWIFT（Society for Worldwide Interbank Financial Telecommunications，环球同业银行金融电讯协会）报文方式，时效性较差，且存在操作风险。

基于区块链技术的保理业务平台可以在链上实现出口商或者出口保理商与进口保理商的各项业务流程。例如，出口保理商发送卖方信息或信用额度申请信息（包含初步信用额度申请或正式信用额度申请）后，进口保理商进行信用额度批复并且报价；出口保理商发起信用额度调整申请，进口保理商收到申请后进行回复；出口商或出口保理商进行发票或贷项清单的转让信息登记或取消，进口保理商收到后发至进口商进行确认；进口保理商将进口商的付款或核准付款信息发送至出口保理商，出口保理商也可通过系统将间接付款信息发送至进口保理商。

在区块链上进行这一系列的往来流程，可以极大地提高效率，解决纠纷。2018 年 1 月 8 日，中国建设银行首笔国际保理区块链交易落地，成为国内首家将区块链技术应用于国际保理业务的银行，并在业内首度实现了由客户、保理商业银行等多方直接参与的"保理区块链生态圈"。建设银行此次将区块链技术应用在保理领域，开创性地将基础贸易的双方同时纳入区块链，并通过智能合约技术实现了对合格应收账款的自动识别和受让，全程交易可视化、可追溯，有效解决了当前保理业务发展中面临的报文传输烦琐、确权流程复杂等操作问题，可以防范传统贸易融资中的欺诈风险，提升客户体验。

区块链推动 B2B 征信高效化

现代金融体系的运作离不开信用的支撑。征信作为信用体系中的关键环节,奠定了 B2B 金融信用风险管理的基础。在大数据时代下,传统 B2B 金融中信用信息不对称、数据造假、数据缺失等问题愈加严峻。参与 B2B 交易的中小企业数据与银行等金融机构、供应链核心企业等缺乏数据共享,信贷机构、电商金融公司、B2B 平台企业等由于技术架构问题无法安全地共享数据,信息孤岛问题严重,海量信用数据未能发挥其应有的价值。

在现有市场环境下,企业数据获取渠道有限,且耗费大量成本。信用数据不同于其他类型的数据,涉及企业的切身利益,无法通过传统数据交易平台进行共享和交换,导致正规获取信用数据的渠道有限。此外,在传统的金融技术架构下,对于企业信用数据的隐私保护问题显得尤为突出。在数据利用过程中难以从技术底层保障企业用户的数据主权,所以难以达到数据隐私保护的新要求。

区块链技术以其分布式存储、点对点传输、共识机制与加密算法等技术,通过数据层和网络层的对等直联、安全通信和匿名保护,能够迅速打破信息孤岛,加快各参与方的信用数据聚合,在加强用户数据隐私保护的同时,以低成本建立共识信任,打造高效的 B2B 智能征信。区块链技术从技术层面保障了用户数据的所有权以及数据隐私的有效保护,还可以实现有限度、可管控的信用数据共享和验证。[①]

针对目前 B2B 金融征信中面临的诸多痛点,区块链可以在征信数据

---

① 中国信通院. 金融区块链研究报告［EB/OL］.［2018-07-25］. http://www. cbdio. com/BigData/2018－07/25/content_5776323. htm.

采集、共享和使用中发挥重要作用。如构建基于区块链的 B2B 联盟链,搭建数据共享交易平台,可以将融资方和金融服务商的风险和成本降至最低,实现企业信用数据的高效流转和使用。

基于区块链的征信数据共享交易平台,可以在数据资源不泄露的前提下实现数据的多源交叉验证与共享,B2B 融资中信贷客户多头负债的问题从根本上得到了解决,数据交易成本、组织协作成本也将大大降低。不仅如此,区块链的底层技术架构能够实现数据确权,重构现有的征信系统架构,有效遏制数据共享中的造假问题,在真实信用数据的基础上提供各类金融服务。

与此同时,区块链技术还能够实现系统维护与业务拓展,大大降低征信运营成本。B2B 平台以低成本方式拓宽数据采集渠道,并消除冗余数据,规模化地解决数据有效性问题,还可去除不必要的中介环节,提升整个行业的运行效率。另外,区块链可以使信用评估、定价、交易与合约执行的全过程自动化运行与管理,从而降低实体运营成本,并大幅提高信用业务处理规模。

由于区块链平台中每一个完整的节点都参与了系统的维护,不会由于系统中的某一个组件发生问题而影响全局。只要不超过 50% 的节点出现问题或是遭遇恶意袭击,系统就可继续稳定运行下去。另外,并不是所有的数据都要跑在"链"上,也并不是所有的数据都是公开透明的,除了数据共享交易参与的各方,不会有任何第三方可以获得数据,切实保证了数据的隐私安全。

区块链提高 B2B 支付效率

2015 年 9 月,摩根大通、巴克莱银行、高盛集团等 9 家银行达成合作协议,计划为区块链技术在银行业中的使用制定行业标准。该合作协议一经公布,便引发了金融市场的高度关注,因为资金的支付问题一直是全行业关注的重点。而区块链制定的该行业标准有望像 SWIFT 一样,成为未来国际支付的基础标准。一年后,加入上述合作协议的银行已由最初的 9 家扩大至 42 家,基本涵盖了全球市值较大的商业银行。可见,银行之间对于如何在贸易支付中利用区块链技术达成了共识,区块链技术或将彻底改变传统的支付体系。

传统的资金支付体系需要依托清算中心进行银行间的数据交互。例如,若 A 企业通过甲银行向在乙银行开户的 B 企业发起一笔支付,必须通过银行在央行设立的清算账户进行结算。若涉及境外支付则更加复杂,需要涉及三方中介、开户行、央行、境外银行,并且每一个机构都有自己的账簿系统且相互隔离,彼此之间需要建立代理关系,需要有授信额度;每笔交易都需要在本银行记录,还要与交易对手进行清算和对账等,交易速度较慢、成本高企。[①]

另外,传统的支付系统还需要第三方机构来进行信用背书,但这种信任机制具有一定的局限性,通常只在一定的机构、地区或者国家范围内有效。

总的来说,现有的支付领域存在着资金流转复杂、端到端延迟、交易记录透明度不足、授信烦琐等各类问题。而区块链技术因不可篡改、全网同步、透明、低成本等特质在支付领域具有非常大的应用空间。

首先,区块链本身就可以作为资金的转移手段,用以降低交易的对账成本及争议解决成本,提高支付业务的处理效率。区块链技术具有直接交互、分布式的特点,可以实现点对点的支付,不需要第三方机构的参与。市场中的银行和客户可以建立一个私链来完成支付过程。另

---

① 任哲,胡伟洁.区块链技术与支付体系变革[J].中国金融,2016(14):90—91.

外,商业银行形成联盟后可以建立支付私链,货币作为区块链上的数字资产被登记、转让,可以迅速实现支付和清算流程。

其次,从信任的角度看,区块链技术可以帮助市场主体解决互信问题。区块链使用算法证明机制来保证整个网络的安全,整个系统中的所有节点都能够在去信任的环境下自动且安全的交换数据。在以区块链作为底层技术的 B2B 平台上,任意两个企业的交易信息都向全网加密,所有节点都以加密区块存储方式,按时间序列单独记录。当企业 A 汇钱给企业 B 时,信息流的传递过程是 A 向 B 资金转移结算的过程,同时企业 A 和企业 B 可以通过各自的数字签名来证明身份,不需要第三方信任背书就能直接实现点对点的电子现金支付。

最后,采用区块链技术,使用分布式核算,每一个企业都能凭密码查询交易状态,资金实时清算,既降低交易成本和风险,又使交易效率大大提升。

西班牙 Santander 银行的一份报告预测,到 2022 年,区块链技术至少能帮助金融行业降低 200 亿美元的记账成本。可以预见,未来基于区块链技术的支付网络将安全、快捷、低费用地解决全球支付问题。

Facebook 的数字货币应用

2019 年 5 月 2 日,媒体报道,全球最大社交网络平台 Facebook 正计划和包括维萨(VISA)、万事达(MasterCard)、First Data 在内的多家公司合作,推出代号为"Libra"的基于数字货币的支付平台项目。据悉,"Project Libra"已进行了一年有余,成功后将成为迄今为止最大的主流数字货币应用。

其实早在 2010 年，Facebook 就曾进军金融支付市场，创造了一种名为"Facebook credits"的虚拟货币，用于应用程序上的交易。2018 年 5 月，Facebook 调整组织架构，新设区块链团队，探索区块链科技在 Facebook 上的应用，并研发数字货币的加密业务。

2019 年 3 月，Facebook 首席执行官马克·扎克伯格（Mark Zuckerberg）在公开发表的博文中表示，看到了社交网站在加密信息、支付和其他服务方面的未来。此举被看作世界上最大的社交平台对加密数字货币的"半官宣"。

与数字支付相关的日常出行、零售消费、电子游戏等，都能让社交平台的用户流量极大地变现。"Libra"项目就是 Facebook 旗下 WhatsApp 正在开发的数字货币及支付项目，Facebook 已经就向消费者销售 Facebook 数字币与加密货币交易所进行了谈判。

据悉，50 多名工程师正积极参与此次加密货币项目，研究利用区块链技术，实现在多台计算机上保留金融交易的共享记录，而不用依赖于像 PayPal 或 Visa 这样的大型中心化处理器。Facebook 正在考虑发行一个与传统法定货币挂钩的稳定币，将数字货币的价值与一篮子不同的外币挂钩，而并非只与美元锚定。平台可以通过在 Facebook 银行账户中持有一定数量的美元、欧元和其他国家货币，来支持和保证该数字货币的价值。

Facebook 旗下拥有 Messenger、WhatsApp 和 Instagram 三款即时通信应用，这三大应用平台月活跃用户量共达 27 亿。"Libra"数字货币和支付系统将实现平台用户间的彼此发送数字货币、进行线上商品交易，并能够嵌入第三方网站及 App。这也意味着，若 Facebook 数字货币能够支持与现实世界里的法定货币进行实时价值转换，将会有接近 27 亿的潜在用户尝试用法币兑换 Facebook 加密货币，Facebook 也或将创造出世界上规模最大的货币交易市场。

区块链在 B2B 物流领域的应用

传统 B2B 物流过程烦琐,环节众多,在一条物流链中往往会涉及多个参与方、数十个中间环节及中间商,上百个地理位置的转移,由于每个参与方之间信息不透明且存在信任问题,在众多节点之间难以追踪货物的转移。仅能在每一次交接时进行孤立的信息存储和确认,并通过复杂的文书、单证和中间担保来实现信任的传递。整个过程不仅费时费力、周期漫长、效率低下,更难以避免错误、损失及纠纷的发生,难以对不可预见的情况迅速做出反应。

"物流行业不是因为足够先进而与区块链接轨,恰恰相反,正是因为其太落后,目前问题太多才需要补课,区块链可以承担这一任务。"区块链技术可以打造一个信息公开透明的端到端链条,所有参与方都能在第一时间获得同样的信息,而且这个信息是准确、真实且不可篡改的。以 B2B 海运物流为例,拥有这样一个端到端的信息链条,客户不需要跟船运公司和码头沟通,就能实时追踪货船状态;发货商可以根据货运信息更好地安排库存;船运公司可以减少工人数量,提高集装箱和港口码头的使用效率。可以说,区块链的技术优势与物流行业可以完美地结合。

区块链这种信息透明、不可篡改、可追溯、开放共识的分布式账本技术,不仅能够大大提升 B2B 交易物流链路各个环节的信息透明度,提高运行效率,实现无纸化的数据交换与信息共享,还可以打造一条连通各个环节的信任链条,降低各方之间的信任成本。① 与此同时,商品生产运输过程中的全链路信息可以实时上传、跟踪和追溯,能够有效防止信息造假和产品窜货。此外,基于智能合约和非对称加密技术,一些物流平台正在尝试优化现有的复杂、臃肿的中间机构,简化运作流程、提高运作效率、节省运作成本。

借助于区块链技术,B2B物流信息变得"流向可见",从而实现数字化的货物运输和仓储管理。当货物运输过程中出现问题时,货主、平台方、承运人、海关、保险公司都可以追溯到真实未篡改的原始数据,清楚界定各方责任,提高付款、交收、理赔的处理效率。国际贸易所涉及的各种法律文书,例如原产地证明文件、公证书、担保书等,也都可以采用类似提单信息交换的区块链解决方案,来实现安全、可靠、互信的传输。区块链技术与物流行业的不断融合,促使B2B物流运输模式得到创新,物流智能化程度与安全性也大幅提高。

供应链溯源体系

溯源是指对农产品、工业品等商品的生产、加工、运输、流通、零售等环节的追踪记录,溯源技术在食品和药品领域的应用最为广泛。现有的溯源主要是通过扫描二维码或条码进行溯源查询,不同溯源平台对同一类产品展示的溯源信息不统一,仅能够证明产品是在某个生产厂家完成的,没有实现产品生产、运输等全过程溯源。② 尽管我国推动

---

① Christidis K, Devetsikiotis M. Blockchains and Smart Contracts for the Internet of Things[J]. IEEE Access,2016(4):2292—2303.

② 张延华,杨兆鑫,杨睿哲,等. 基于区块链的农产品溯源系统[J]. 情报工程,2018,4(3):4—13.

商品溯源体系的建设较早,但普及率一直不尽如人意。其中最主要的原因就是溯源信息都是存储在各个企业的中心化数据库中,难以实现数据交换和共享,且数据被人为修改或网络攻击的风险极大,无法保证用户获取数据的真实性。

区块链技术与供应链物流的结合能够有效提高商品防伪溯源过程的有效性。从信息传播角度来看,溯源信息在不同主体之间进行传递,从原材料、生产加工、商品流通再到最后的销售,是一个以时间排序的流程化过程,如图 6-8 所示,这些信息同样可以按照时间顺序在供应链共享的分布式账本中进行存储和加密。区块链的分布式存储结构将供应链上各节点所产生的信息生成带有时间戳的链式区块,所有成员都可以通过共享账本实时追踪产品信息。在流通的最后一个环节,即产品到达消费者手中时,可以准确地依赖区块链中的数据进行防伪溯源。

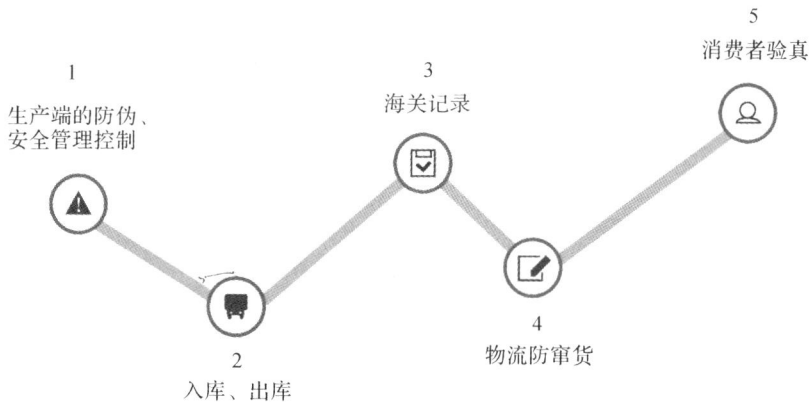

图 6-8　区块链＋防伪溯源

基于共识机制,供应链上各环节产生的信息能够原封不动地存储在共享账本上,各成员集体参与共同维护节点数据。由于共识算法的约束条件,如果成员需要更改信息,需通过供应链上共享的公钥信息计算出该链上 51% 以上成员的私钥才能进行操作,即任何想要篡改信息的欺骗行为都将被排斥和压制,从而保证了在防伪溯源过程中获取数据的真实性和有效性。此外,区块链的可编程特性能够支持区块链与多种已有的业务系统进行交互,提高整体系统的安全性;通过传感器及智能终端等设备,可以直接与区块链进行数据交互,能够保证数据来源的多样性和统一性。

案例:中农网利用区块链技术实现茧丝行业追踪溯源

农产品是需要证伪溯源的行业,不同的原料有不同的加工流程,加上流通链条长,最终传达到下游生产环节或者消费者手中也是千差万别。从源头做好产地、批次管理,实现可追溯,对农产品全产业链条的发展有着重要的实际意义。

以茧丝绸产业链为例,绸缎作为终端产品,其光泽度、色彩饱和度、染色难易程度等质量指标的好坏与原材料蚕茧关系十分密切。按照行业质量分类,蚕茧可分为上茧、下茧、黄斑、双宫 4 个等级,蚕茧生产出的蚕丝又分为等外品、2A、3A、4A、5A、6A 6 个等级,每个等级价差高达 5 万~8 万/吨。因此,茧丝绸行业对原材料的质量把控和准确管理非常重要。针对茧丝产业结构分散、流通环节多、信息化程度低、数据不完整可信度存疑、质量把控难等痛点,中农网首创"区块链+茧丝全产业供应链"创新模式,在交易、交付、支付、物流追踪和溯源等各个环节上进行数据全链路打通。

立足广西宜州等全国茧丝生产重点区域,中农网平台覆盖茧站、缫丝厂、绸厂、服装厂、中间商、外贸公司等茧丝绸行业的整个产业链。以供应链金融为纽带,通过资源对接,中农网积累了大量的上游资源(茧农)数据,包括茧农姓名、身份证号、庄口(覆盖一定区域的茧站,同一个庄口茧丝的产品质量较为稳定均一)、手机号、银行卡号等基本资料信息,甚至信息颗粒度细化到农户桑园位置、桑园面积、蚕房面积等生产资料信息。通过匹配农户基本数据和蚕茧入库规模,可以校验交易规模的真实性和商品源头的可靠性。

当茧农将鲜茧交到茧站时,商品入库形成收购磅码单。中农网对商品进行过磅和质量检测,在后台系统匹配茧农基本资料,并录入此次货物的品种、品名、毛重、净重、单价、金额等信息,货物(蚕茧)装入嵌有RFID芯片的货物框。蚕茧从茧农到在茧站完成收购,是数据在区块链系统的第一次上链,RFID芯片记录着蚕茧的源头信息。

蚕茧收购后进入仓储库,RFID识别设备自动读取芯片信息生成入库仓单,并传入后台系统。后台信息同步传送到合作银行,即为原料采购商启动供应链金融服务业务,第一时间向茧农拨付货款。

当蚕茧进入加工环节,货物框再次经过扫描设备,生成生产批号并自动传至后台系统,将加工成的蚕丝和原材料蚕茧的信息相关联。系统里记录着蚕丝的生产日期及原材料信息,可清楚判别任何一批蚕丝的产地来源,细到庄口。整个从茧到丝的生产环节也由此实现了数据的透明真实、可追溯。

通过供应链的区块链创新,中农网"链"接生产、物流、加工、制造、金融信贷等实体企业,打破数据孤岛,构建了一个产融结合、信息充分流通的联盟区块链网络,打造了新型产业链信任交易模式。通过可信数据传递建立信息共享可控、价值无损传递、高效协作的网链体系,以科技创新实现产业链的智能管控,赋能农产品行业降本增效。

物流信息化平台

自 20 世纪 50 年代以来,物流信息的标准化推进缓慢,困难重重。随着全球贸易不断深化,贸易流程中各种单证、文件也以几何倍数增长。很多单证还停留在纸质形态,在物流运输过程中需要录入信息系统进行认证和追踪,大量的重复录入工作不仅难以保证数据的准确性,还极大地浪费时间和人力、降低了运行效率。近年来,SaaS(Software-as-a-Service,软件即服务)平台化物流软件引起了企业的广泛关注,其以租代买的低运营成本、专业化的客户服务和运营管理提高了企业的物流信息化水平和运作效率。但也存在一定的局限:依托于第三方公有云或混合云的数据中心化存储,存在数据安全风险,用户担心物流数据及商业机密泄露。

联合国贸易便利化和电子业务中心在 2017 年发布的白皮书中认为:区块链可以实现国际物流中的流程无纸化,填补供应链管理中的信任问题,解决国际物流各个环节的数据标准化和安全性难题。基于区块链的技术特点可以实现物流数据的完全可追溯,并且可以更好地和物联网、人工智能、大数据等结合,数据更加真实可信。分布式数据库存储可以解决中心化架构下数据采集和存储过程中可能存在的造假和管理风险问题;在关联链条中,数据由多个节点采集、存储,数据实时同步共享,不易造假,难以篡改,规避了系统数据集中存储的管理风险。在数据链条中,加密传输、多点共享同步的方式能够从数学算法和技术层面解决中心化系统对专业性、权威化的质疑。

基于区块链技术的物流信息化平台,物流运输中的各个企业可以构建安全可信的伙伴关系,通过海量信息的快速汇聚,能够实现智能化的物流服务。物流企业可以通过算法优化获得与自己实力匹配的订单,优化运输和仓储,降低成本。通过链中上下企业的协同,实现集装箱的智能化运输,如将集装箱信息存储在链上,区块链的存储解决方案能够自主决定集装箱的运输路线和日程安排。基于对过往的运输经验进行分析,不断更新物流运输的路线和日程设计,使效率不断提高。对于收货方来说,不但能全程跟踪其物流消息,还可以随时修改优化货物运输的日程安排。

国际物流数字化解决方案

有数据显示,美国物流运输行业每年因经济犯罪而造成的损失高达 300 亿美元,有 20％的货物完全没有保险。无论在美国还是其他国家,信任问题已成为物流行业的头号问题。在国际物流运输过程中,由于涉及主体多、消耗时间长、信息不流畅、交易成本高、交易环节中需大量协作、透明度低,造成各主体难以及时了解货物运输实时状态。而采用区块链技术有助于在复杂环境下建立起技术刚性保证的信任机制,同时利用数字通证无阻碍流通的方式提供畅通的跨境价值流通机制。[①]

在区块链数据公开透明的情况下,整个物流运输过程形成了一个完备且贯通的信息流,在出现问题时,参与主体能够及时发现,同时可以针对系统中的问题找到解决办法,提高物流运输中的效率。将智能合约写入区块链中,由区块链技术的特性保障存储、读取、执行整个过程透明可跟踪、不可篡改。同时,区块链自带的共识算法可以使智能合约高效地运行。通过智能合约,各方的权利义务与执行条件事先共同

---

① 罗建辉.用区块链构建新一代物流信息化体系[J].物流技术与应用,2018,23(4):127－129.

商定,其余的合同签署、达成交易、费用结算、电子对账、发票开具、签收等指令,均为自动执行,革新了物流合约的机制,避免了纠纷扯皮等情况的发生,信任不再成为阻碍国际物流畅通的障碍。

从提升国际物流监管能力的视角看,区块链技术可以根据安全风险状况对不同类别的运输行为进行分类监管,集中有限的监管力量,重点强化对安全风险高的运输行为的监控,精准发现具体的安全问题,掌握监管中所发现安全问题的治理情况。[①] 基于实时数据追溯和历史信用评价,对安全风险低或经营状况良好的企业可以豁免检查,这样不仅能够提高国际贸易中物流监管的精准性,而且能够有效降低监管行政成本,把有限的精力和人力投放到那些最需要监管的地方,做到精准打击,从而形成一套数字化解决方案。

---

① 田仪顺,赵光辉,沈凌云.区块链交通:以货运物流及其市场治理为例[J].中国流通经济,2018(2):50—56.

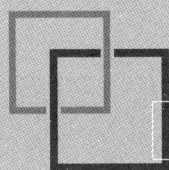

第七章

数字通证为B2B 4.0注入活水

爱读武侠小说的朋友想必对玄铁令、圣火令都不陌生,在金庸先生构筑的武侠世界中,这些"令牌"就是个人或团体或组织之身份与权威的象征,是大侠们的通行证。江湖人士随身携带的令牌总能在适当时机发挥巨大作用,进出重要场所如入无人之地。在 B2B 4.0 时代,数字通证就如同武侠世界中的令牌,拥有令牌的大侠能在江湖中来去自如,拥有通证的企业就能在基于区块链的 B2B 平台中自由贸易,畅行无阻。

通证(Token)作为计算机通信领域的专业术语,最初的意思就是令牌、信令。在以太网成为局域网的普遍协议之前,IBM 曾经在 20 世纪80 年代中期推广了一个局域网协议,叫作令牌环网(Token Ring Network),通俗来说就是以令牌传递方式进行访问的环形网络。网络中的每一个节点轮流传递一个令牌,只有拿到令牌的节点才能通信(如图 7-1)。[①] 这个令牌,其实就是一种权利,或者说权益证明。

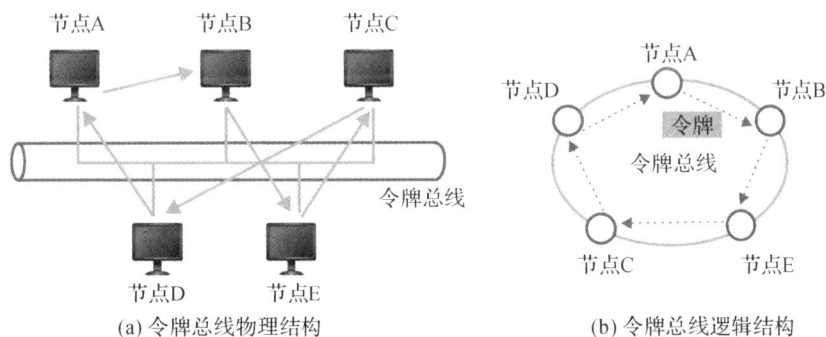

(a) 令牌总线物理结构　　　　　(b) 令牌总线逻辑结构

图 7-1　令牌环网

后来,以太坊及智能合约的出现,赋予了 Token 更广泛的含义。现在我们所提到的 Token,其实大多是基于以太坊 ERC-20 标准的一种智能合约产物,是可以代表任何权益、价值、凭证的数字载体或

---

① 张煦.光纤通信技术词典[M].上海:上海交通大学出版社,1990.

符号。①

在国内,Token 曾经被翻译为"代币",意指比特币、以太币等数字货币。大约从 2017 年下半年开始,Token 从音译和意译结合的角度被翻译成"通证",意思是一种可流通的加密数字权益证明。

这个说法被人们广泛接受。此后,Token 脱离了简单的数字货币的概念,也不再仅仅是传统意义上代表权益的令牌,而是一种可流通、可加密的数字权益证明——数字通证。

通证不是区块链时代的产物,但两者的结合,进一步为基于区块链的 B2B 4.0 开放平台注入了活水。通证的应用彻底改变了企业的融资模式,能减少企业贸易摩擦,促进交易平滑至简,激励用户参与平台生态建设,让交易跨越国界和行业的限制,促进了全球市场的资产流动。如果说区块链是 B2B 4.0 的后台技术,那么通证就是 B2B 4.0 的前台经济形态,两者的合力,共同推动了 B2B 4.0 的出现与发展。

通证与通证经济

通证:可流通的加密数字权益证明

2013 年,以太坊出现,开启了以智能合约为基础的区块链 2.0 时

---

① Somin S, Gordon G, Altshuler Y. Network Analysis of ERC20 Tokens Trading on Ethereum Blockchain［C］//International Conference on Complex Systems. Springer,Cham,2018:439－450.

代。以太坊是目前应用最为广泛的公有链平台,它提供了图灵完备的编程语言,允许开发者部署智能合约,可帮助处理复杂业务流程,任何人都能通过区块链技术建立和运行去中心的运用(Decentralized Application,DApp)。[①] 但值得一提的是,虽然 Token 是因为区块链和数字货币被广为人知,但 Token 最大的用途并不是其本身成为货币或代币,而是作为各种数字资产、权益的凭证,在区块链(或者其他网络、平台)中流通。加密数字货币只不过是一种特殊的 Token 而已。因此,将 Token 翻译成能够代表一切权益证明的"通证"更为准确妥当,这也得到了业内的广泛认可。

以以太坊为例,通证作为可交易的数字凭证,既是货币、资产的表示,也是成员身份或权益的证明,甚至可以代表任何事物(如图 7-2 所示)。企业使用以太坊提供的标准 API 接口发布 Tokens,就可以与使用该标准的企业、交易所相互匹配,其合约可以相互兼容,交易可以自动达成。企业发布的 Tokens 总量通常是固定的,也可以根据既定编程规则进行调整。在 B2B 贸易中,通证可以代表企业的债权(商票、银票等)、货权(仓单、运单、提货单等)、资金权(用信、授信额度等)。

Token 从传统的令牌、信令,到作为一切数字资产或权益证明的通证,其概念与内涵不断丰富,今天我们所说的数字通证应当具备以下三个要素:

第一是数字权益证明,也就是说通证必须是以数字形式存在的权益凭证,它代表了某种权利、身份或功能,有其固有和内在的价值。从

---

① Ethereum White Paper. A next-generation smart contract and decentralized application platform [R/OL]. [2015-11-12]. https://github.com/ethereum/wiki/wiki/WhitePaper.

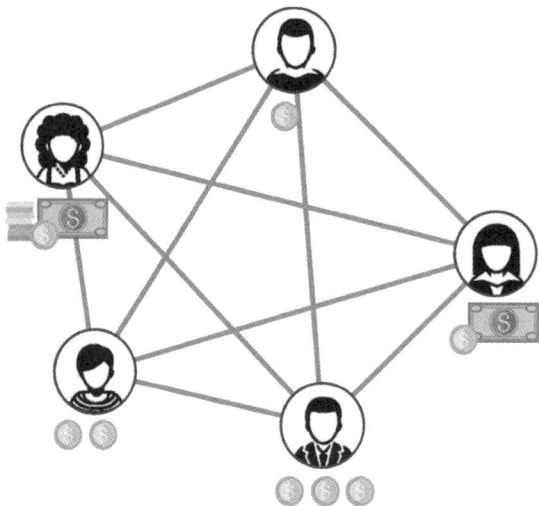

图 7-2　以太坊：定量供应的可流通 Token

图片来源：以太坊官方网站，https://www.ethereum.org/。

身份证到学历文凭，从货币到票据，从钥匙、门票到积分、卡券，从股票到债券，将任何形式的人类权益证明数字化地表示出来即为数字权益证明。

第二是加密，也就是说通证的真实性、防篡改性、保护隐私等能力，由密码学予以保障。每一个通证，就是由密码学保护的一份权益。这种保护，比任何法律、权威和枪炮提供的保护都更坚固、更可靠。

第三是可流通，也就是说通证必须能够在一个网络中流动，从一个节点到另一个节点，通证应当具有流动性。也有一部分通证不仅可以流通，还可以用于交易，与其他通证进行兑换。

此外，也有人将通证的三要素总结为：证、通、值。证，即通证具有可信度，代表某种权益，体现群体的共识。通，即通证可流通，可兑换为其他通证。值，即通证具有经济价值，人们为了其数值的增长愿意妥协和付出代价。

通证与区块链

通证不是区块链时代的产物,区块链也并非一定需要通证。区块链是底层技术,通证是经济形态,两者可以完全分离、相互独立,但两者的结合更有利于彼此发挥效用,引起人类社会生产关系的巨大变革。[①]

(1)通证之于区块链

区块链作为一种后台的技术形态,真正落地加以应用,是需要与各种经济形态结合的。例如数字货币作为区块链的一种应用,曾在市场上掀起了一股热潮,但因为其只具备了投资属性,未真正服务到实体经济,终究未能实现落地。而数字通证作为真正市场化的权益,是可以在实体经济生活中验证和消费的。可以说,数字通证的应用是区块链技术服务经济的手段,使区块链的激励机制得到完善,区块链的大规模应用得以落地。

网络上,有人总结了区块链的 6 层协议:数据层、网络层、共识层、激励层、合约层、应用层。其中,激励层将经济因素集成到区块链技术体系中来,主要负责经济激励的发行机制和分配机制等。区块链良性循环的一个前提是必须激励遵守规则参与记账的节点,并且惩罚不遵守规则的节点。因此,激励层就像一套工资和奖励系统,而通证就是奖惩的"工资"。从公有链的角度来看,双方在没有任何信任的基础上,激励机制就是通证,典型的如比特币、以太币这样与法币挂钩的币;而在联盟链,通证往往被写入智能合约中,这种模式下通证作为激励还包括

---

① Scott B. How can cryptocurrency and blockchain technology play a role in building social and solidarity finance? [R/OL]. Switzerland: UNRISD Working Paper, 2016. https://www.econstor.eu/handle/10419/148750.

了数据回馈、积分回馈等。

总结而言，区块链从比特币点对点交易的 1.0 时代，到以太坊智能合约为代表的 2.0 时代，尚未诞生一款革命性的落地应用。但是，"区块链＋智能合约＋数字通证"的经济体系的建立，真正做到了"资产上链"，使区块链特别是公有链和联盟链相关应用得以落地，区块链进入大规模应用的 3.0 时代。

（2）区块链之于通证

通证的概念由来已久，区块链则赋予了通证高流通性、可分割性、匿名性等特性。

从某种意义上说，Q 币、游戏币，各企业、社区、论坛的用户积分，商场发放的打折卡、会员卡，银行发放的信用卡，甚至是车票、地铁卡等，都是某种原始的通证，它们都是数字化的权益凭证。事实表明，通证确实可以运行在非区块链的平台上，但是没有密码学的应用，通证的流通性和可靠性就受到了很大的限制。区块链技术的出现为通证提供了坚实的信任基础和流通能力，赋予其更多的特性。

首先，区块链是个天然的密码学基础设施，在区块链上发行和流转的通证，从基因里就带着密码学的烙印。通证代表着权益，而密码学是对权益最坚不可摧的保护，所以区块链上的通证本质上就是密码学意义上安全可信的通证。

其次，区块链是一个交易和流转的基础设施，通证要实现"通"的要素，就是要具有高流动性，快速交易、快速流转，而这恰恰就是区块链的一个根本能力。有人说区块链是互联网 TCP/IP 之上的价值交换协议。不管这种说法是否全面，它至少准确地把握了一点，即区块链是非常适合进行价值交换的基础设施。

区块链是分布式的，这使人为篡改记录、阻滞流通、影响价格、破坏信任的难度大大提升。尽管区块链不可能完全杜绝人为操纵,但是加大了人为操纵的难度。随着越来越多的通证出现,长时间操纵市场将变得越来越困难。

最后,无论是权益性的证明还是功能性的证明,通证必须具备内在价值和使用价值,区块链通过智能合约,可以为通证赋予丰富的、动态的用途。有了智能合约的区块链,将围绕通证创造出极其丰富的应用来,这些应用将使人类社会超越互联网,超越数字生活,在新的赛博空间(Cyberspace)中重塑数字生命。

通证,币与加密数字货币

2008 年 11 月 1 日,一位名叫中本聪(Satoshi Nakamoto)的日本人首先在《比特币:一种点对点的电子现金系统》中提到了比特币(Bitcoin,BTC)。他写道:

"我一直致力于建立一个新的电子现金系统,完全点对点,无须'可信第三方'。主要功能包括:通过点对点网络(Peer-to-Peer)防止双重支付;无须'可信第三方';参与者可以是匿名的;新币通过工作量证明机制产生;工作量证明机制同样也可以防止双重支付。"①

2013 年,以太坊出现了,以太币(Ether,ETH)是以太坊的原生代币,是基于以太坊平台的 DApp 应用中用于支付交易手续费和运算服务费的媒介。

从比特币到以太币,从加密数字货币(Cryptocurrencies)到代币(Tokens),形形色色的"币"活跃在区块链的世界里,其内涵也在发展中

---

① ［日］中本聪. 比特币:一种点对点的电子现金系统［R/OL］. http://www. academia. edu/download/32413652/BitCoin_P2P_electronic_cash_system. pdf.

不断被修正、完善。

我们从理解 Cryptocurrencies 的定义开始。Cryptocurrencies 是一种使用密码学加密的数字化或虚拟化的货币,其实早在比特币之前就有很多加密数字货币存在了,但比特币代表了首个去中心化的加密数字货币,由于其分布式和去中心化的特性,比特币的出现标志着数字货币领域的一个重要里程碑。自比特币问世以来,多种多样的 Coins 和 Tokens 生态蓬勃发展,它们通常都被视为 Cryptocurrencies。

Coins 是具备货币属性的区块链项目的货币,这些区块链项目都是基础链,它们发行的"币"被认为是基础链币,也可以叫原生币,与法币挂钩,比如比特币、以太币。

Tokens 是具备权益属性的区块链应用项目的凭证,这些区块链应用项目都是在基础链上发展出来的,具有特定应用场景的 DApp 或者智能合约等,它们发行的"币"被认为是应用代币,带有"权益凭证"的属性,很多 Tokens 项目是搭建在以太坊平台上的(如图 7-3)。

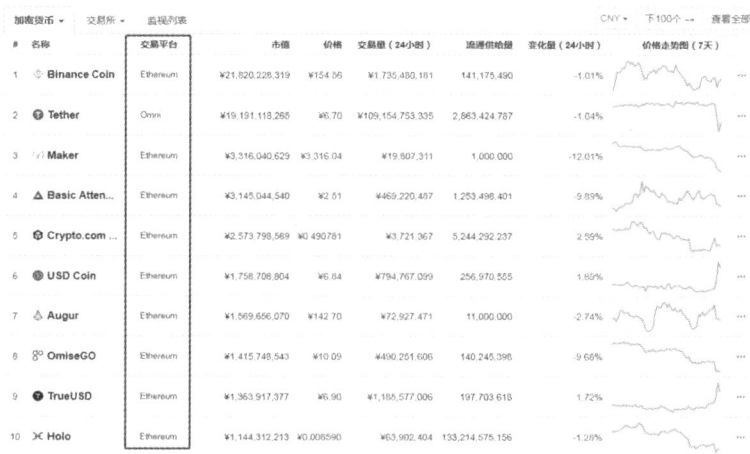

图 7-3　Coinmarketcap 网站市值排名前 10 的 Tokens

图片来源：Coinmarketcap 官方网站,https://coinmarketcap.com/tokens。

简单来说,Coins 是用去中心化思想发行的数字货币,具有货币属性,最大功能是支付媒介;而 Token 的"权益凭证"属性更显著,其真正价值取决于项目应用落地之后所产生的价值。

通证化与通证经济

数字通证刚刚出现时,有些人认为通证就是区块链项目的资产权益化和证券化,但是如果我们把眼光放得更加长远,就会发现通证的革命性潜力远不止如此。

无论是创业公司的权益,还是积分、合同、证书、权限、资质、服务,现实社会中任何可以衡量的价值尺度都可以被通证化,形成在区块链上自由流通、在市场上自由交易、由市场自动发现价格的数字资产。对于人类社会而言,资产通证化是大趋势,正在如火如荼地进行。资产通证化实质是使用区块链技术将传统资产数字化、区块链化,实现资产的无限拆分和快速流通。从此,任何公司、组织、团体都可以通过发行通证,来给予支持者、参与者、用户以权益或资产证明,通过通证来激励各方为平台贡献力量,通过通证来为平台服务定价,同时为平台内部的交易协作提供价值媒介。每一位通证所有者都可以参与平台的构建和维护治理,同时分享平台成长的收益。

资产通证化加速了资产流通,增加了资产的价值,通证经济(Token Economy)成为势不可当的新一代互联网经济。所谓通证经济,就是企业通过发行可代表其产品和服务价值的通证,使用户能方便地使用通证来消费企业的产品和服务。该通证可以转让、流通,可以作为一种价值的储存手段,其价值来源于企业的产品和服务的使用价值。

通证经济是和实体经济密切结合的,因此无论是监管层还是企业

界,在令人眼花缭乱的虚拟货币中区分哪些是通证经济中合法的
Tokens,哪些是需要遵从证券法规的证券类 Tokens,哪些是空气币、传
销币,是一个需要认真对待的问题。①

数字通证改变 B2B 企业的融资模式

尽管通证的概念早已超出加密数字货币的范畴,但加密数字货币
的出现是通证与通证经济在区块链时代得以火爆起来的最直接原因。
从数字货币层面来看,数字通证将为 B2B 4.0 平台的企业融资模式带
来巨大变革。

降低企业融资成本

以太坊通过发行其原生代币(以太币),给区块链项目的开发者带
来了一种前所未有的融资手段,即 ICO(Initial Crypto-Token Offering,
指通过发行加密代币的方式进行融资)。ICO 将项目未来的产品或者
产品的使用消费凭证——通证预售给早期投资人或者未来消费者,来
实现企业的融资。

在区块链平台中,任何个人、组织、机构都可以基于自己的资源和
服务发行通证,特别是对于一些中小企业,由于不具备资金实力和资

---

① Rhue Lauren. Is Sunlight an Effective Disinfectant? Transparency ,Reputation,
and Perceived Trust of Ethereum Tokens [EB/OL]. [2018-06-23]. SSRN. https://ssrn.
com/abstract=3218394.

信,一般的银行都不愿贷款给它们。另一方面,传统的股权融资非常艰难、低效,同时还要丧失很大一部分股权。在通证的思维下,以区块链为底层技术的 B2B 4.0 平台上,企业发行一个以算法信任背书的通证,可以不用借债,也不用以牺牲股权的方式来筹集资金,减少财务性融资,为战略性投资增加空间。企业的融资过程没有中介、投资银行、证交所、必要的申报文件、监管部门以及律师的参与,融资成本将大大降低,越来越多的企业都能够通过在区块链上发行通证的方式筹集资金。

扩大企业融资范围

除了降低融资成本,通证的应用还使企业的融资范围更广阔。传统证券交易所对于客户有严格限制,投资者如果想在非本国家或地区的交易所中开户交易,需要满足一定条件并进行额外申请。但在基于区块链的 B2B 平台中,企业发行的通证一般面向全球投资者,意味着可以将融资范围扩大到全球。对于项目方来说,在一个链中就能实现向全球大部分国家或地区融资,节省了大量时间成本和融资成本。对于投资者来说,通过加入"区块链+数字通证"的 B2B 平台,实现全球化的资产配置也更加便捷。

促进全球资产流动

在数字通证来临之前,除 VC(Venture Capital,风险投资)之外,各类私人证券通常都是非流通性的,这意味着所有者权益的交易成本很高。而数字通证可以有效地解决这个问题,Harbor 首席执行官 Josh Stein 简洁地表示了数字通证的好处:"锁定资产而不锁定投资者"①。

以前卡、券、积分、票证等传统的通证流通速度非常有限,但以区块链为后台技术的数字通证的传输速度则可以提升几百甚至几千倍。而且由于密码学的应用,这种流转和交易极其可靠,纠纷和摩擦将降低为几百、几千分之一。

如果说在传统经济时代,衡量整个社会经济发展的一个重要指标是货币流转速度,而在互联网经济时代,衡量一个国家、一个地区发达程度的一个重要指标是网络流量,那么在区块链和通证经济的时代,通证的总流通速度将成为最重要的经济衡量指标之一。当我们每个人、每个组织的各种通证都在飞速流转交易的时候,我们的生产和生活方式将完全改变,不受地域限制,不受中心化证券机构的经营范围的制约。B2B 平台可以到达的地方,通证就可以流转,资产就能够流通,因此说数字通证加速了全球市场的资产流动。

总体而言,通证彻底改变了企业的融资模式,创业公司再也不用出让大额的股份和控制权,不用天使轮、A 轮、B 轮这么苦苦寻觅认可公司价值的投资人,也不用在上市过程中受承销商、交易商等层层限制,就能够向全世界的投资人募资,激励 B2B 平台上的所有参与者一起把项目做出来。

---

① Stephen McKeon. Traditional asset tokens:Crypto's next big thing〔R/OL〕.〔2018-01-08〕. https://www. cnbc. com/video/2018/01/08/traditional-asset-tokens-cryptos-next-big-thing. html.

数字通证优化 B2B 企业的贸易流程

数字通证具有高流动性和高可信度等特性,可以从多个方面、各个环节优化 B2B 企业间的贸易流程,减少企业间贸易摩擦,促进交易平滑至简,要素无界流动。

减少交易摩擦,增加客户留存

数字通证的应用,通过减少交易摩擦,降低了企业获取目标客户或合作企业的成本,增加了客户长期留存的可能性。

首先,发行通证是对公司产品和业务的提前宣传投放,可以低成本获取种子用户。[①] 并且,通证可以无限分割,没有最小交易单位,投资者可以买卖任意数量的通证,减小交易摩擦,降低交易成本。

采用通证方式来消费产品和服务不仅可以给客户提供更好的体验,还给予了客户更多的激励。如果产品和服务足够有稀缺性,用户更有可能持续持有,从而增加客户留存。数字通证运行于集体共识、互相信任、信息加密的区块链之上,生态内各方之间的交易将会更加顺滑,交易摩擦将会大大减少,交易成本将会大幅降低,从而可以扩大交易规模,提高交易频次,促进企业间交易关系的稳定发展,不断丰富可交易资产的种类。

---

① Chen Y. Blockchain tokens and the potential democratization of entrepreneurship and innovation[J]. Business Horizons,2018,61(4):567—575.

降低结算成本，简化税收流程

对于传统商业应用和金融机构，数据独立存在，尚未形成共享机制，涉及跨行或企业间业务时需要做大量的结算工作。结算是传统金融 IT 系统的一个死穴，结算中经常出现大额的缺口，处理起来非常麻烦，有时甚至需要回退到手工操作的方式来核对。通过在 B2B 平台中应用通证，可以降低金融结算的成本，简化企业税收的流程。

通证的原理并非是在区块链诞生后才出现的，赌场的筹码也可以看成是最早的通证模型，通过筹码，客户和商场只发生一次结算关系，税收也从结算时计算。持有通证的企业在 B2B 4.0 平台中发生多次交易，只需要一次结算，并且只有在最终结算时才涉及税收，交易流程大大简化。

解决跨境 B2B 支付难题

在支付环节，尤其是跨境支付，数字通证的潜力不容小觑。

据埃森哲数据显示，预计到 2020 年，全球 B2B 电商的交易额将达到 6.7 万亿美元，其中超过 1/3 来自跨境交易（约为 2.32 万亿美元）。B2B 跨境贸易的最大问题不在于物流，不在于信息不对称，而在于跨境支付。跨境支付这个行业目前还处于一个不够成熟的阶段，直到今天，大多数跨境贸易还在使用依靠 SWIFT 的原始通信技术，基于传统金融协议的跨境支付手续费高昂，时间跨度较长，支付服务不透明，种种问题已经广受全球使用者的诟病，也引起了一些国际组织的关注。

更为重要的是,当前这种高度中心化的跨境支付体系大大限制了发展中国家的金融主权。一个国家一旦被排除在跨境支付体系之外,就难以开展跨境经济活动,因此以美国为首的西方国家常常将此作为金融制裁手段。在这种背景下,如果能提供低成本、低风险、高效率的支付结算方案,那么 B2B 电商将有望打破内贸、外贸之间的壁垒,大大提高跨境贸易的规模和效率。

数字通证在跨境支付领域具有极大潜力:首先,其点对点的传输模式能够有效改善当前跨境支付耗时长、费用高的问题。其次,由于通证是基于分布式账本技术,能够确保交易具有可追溯性且不易被篡改。最后,基于通证建设跨境支付网络,将推动当前完全由发达国家掌控的高度中心化的全球跨境支付体系,转变为更多发展中国家都能平等、自由参与的体系。瑞波(Ripple)、Circle 等金融科技公司都在探索数字通证在跨境贸易中的应用。

瑞波(Ripple):传统全球支付结算巨头的数字化"劲敌"

1973 年,来自全球 15 个国家的 239 家银行齐聚一堂,共同商讨如何处理跨境支付的问题。会议决定成立"环球同业银行金融电信协会"(SWIFT),提供银行间电文服务,重构全球银行间的支付结算版图。

42 年后,一个非官方的组织产生了同样的野心。一个类似于互联网 HTTP"超文本传输协议"的 ILP(Interledger Protocol,互联账本协议),由瑞波提出。

瑞波的历史可追溯至 2004 年,加拿大软件开发者瑞恩・富杰尔发明了用于互联网支付的"瑞波支付协议"。2012年,瑞波公司正式成立,取名OpenCoin,后更名为瑞波实验室,开始开发名为"瑞波交易协议"的新支付协议。

此时的新支付协议模仿了比特币,主要用于个体用户之间的交易,可用于各种货币或类货币的转账。

一年后,瑞波实验室再次更名,正式定名为瑞波。更名背后是瑞波的战略改变,一是将服务器和客户端全部开放源代码,二是推行XRP Leger(瑞波币账本)开源技术,自称是"分布式的加密账本",运作重心转向跨国汇款,着力与银行金融机构展开合作。

瑞波借由区块链分布式账本技术建立的价值网络Ripple Network,为银行、支付服务提供商、企业提供新的全球金融结算解决方案。

Ripple Network是基于瑞波和网络参与者之间协议的网络,在这一网络中,所有参与者都使用相同的技术,并遵守一套统一的支付规则和标准。其价值取决于其关键要素的组合:强大的标准化技术,全球银行和支付提供商网络,一套统一的规则和标准,以及由行业领导咨询委员会组成的治理结构。

瑞波所采用的互联账本协议,除具备其他区块链技术所具备的交易确定性和可审核性特点,还更具水平伸缩性、私密性与互用性。

曾有银行业内人士将瑞波与SWIFT的支付速度、收费标准、外汇汇兑成本等各方面进行比较,尽管SWIFT一直努力求新求变,扬长避短,但瑞波目前仍略胜一等。

2018年4月中旬,西班牙桑坦德银行(Santander)联合瑞波正式推出区块链国际转账新服务,并称该服务将适用于西班牙、英国、巴西和波兰的零售客户,会陆续在更多国家推出。根据公开报道,它的合作伙伴还包括美国运通、加拿大皇家银行、埃森哲等全球金融机构。

自此,完整的瑞波生态已初步形成,它包括抽象的全球支付协议,由开源软件、瑞波公司、瑞波币共同组成的瑞波体系,以及由众多银行金融机构组成的社区联盟。在跨国汇款领域,瑞波终于占据一席之地。

但对更广阔的全球市场来说,这只是一个开始,数字通证仍是亟待探索的新鲜命题。

数字通证激励 B2B 平台的生态建设

数字通证良好的流通性和强大的激励机制,将有效促进 B2B 平台的生态建设。

从产品思维到生态思维

通证经济的核心是用通证激活内部生态,让一个初创公司在第一天就能够像一个生态大公司一样运作,这对管理的挑战很大,但是区块链为平台上的企业赋予了自组织管理的体系和工具,赋予了生态内用于流通和激励机制的通证,这一切都比过去要简单得多。

传统的经济模式是先做好产品,等销售达到一定规模后再在市场建立信任、打造平台,最后向消费者输出产品。而通证经济的存在允许 B2B 平台上的企业先发行通证,将项目未来的产品或者产品的使用消费凭证预售给早期投资人或者未来消费者,以获得项目启动的初始资金;投资人或消费者因此从一开始就加入了激励机制,从而形成一个闭环的生态;而且以区块链为底层技术的 B2B 平台具备加密性和公开性,可以为他们建立初始信任。这从一开始就将企业项目从产品思维提升到了生态思维。

创建新兴协作关系

通证经济的力量在于创造一种新的生产协作关系,数字通证作为 B2B 生态圈内企业的一种经济激励工具,可以有效促进平台内各个角色的协作。

B2B 平台的企业参与发行通证,都是试图以其所发行的通证作为一种经济激励的工具,促进其相关产业链上各个角色的协作。角色的贡献越大,得到的通证越多,得到的激励也越多;各个角色协作得越好,通证的价值就越高,最终形成一种正向的循环。伴随着"区块链十智能合约十数字通证"的不断渗透,一种跨越了公司、组织边界,建立在集体共识、数据互通之上的生态型 B2B 组织将会出现。

实现真正的三流融合

在 B2B 领域,与大数据、物联网、人工智能等技术结合之后,区块链可以为信息流、资金流、物流提供一个数据互通的底层平台,解决数据割裂问题。而数字通证的作用,就是把生态各参与方对平台的贡献和价值"资产化",让每一个角色的价值都能被精准定价,同时平台的服务也可以通过通证来定价、购买。另外,流通在生态内的数据流也可以通过通证来进行定价、交易,让数据本身产生价值,让数据的挖掘和使用变得更加高效。

　　B2B 生态发行的通证也可以直接接入供应链企业、第三方金融机构、仓储物流平台、其他 B2B 电商的系统中,打破过去数据孤岛的藩篱,吸引越来越多的第三方服务商加入生态。通证也将作为信息流、资金流、物流三种数据统一的价值尺度,真正实现 B2B 平台的三流融合。

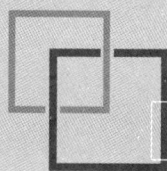

第八章

物联网构建全面数字化的B2B 4.0

麻省理工学院 Kevin Ashton 教授于 1991 年首次阐明物联网(Internet of Things,IoT)的概念,指出物联网就是物物相联的互联网,通过 RFID(射频识别)、全球定位系统等信息传感设备,按照约定的协议将任意物品通过物联网域名相连接,进行信息交换和通信,以实现智能化识别、定位、跟踪、监控和管理。近两年,4G 大范围普及,5G 网络正在建设,先进的通信技术为海量设备接入网络创造了条件,物联网在各行各业开始加速落地,而物联网技术在 B2B 行业的应用更是方兴未艾。

企业双方通过 B2B 平台或网上自行进行交易,信息可以在网络上流通,但是货物必须通过线下的运输流程,所以不论时代如何变化,物流始终是 B2B 的重要组成部分,只有当货物运达并完成交接,一次 B2B 交易才算基本结束,而物流运输质量的好坏严重影响着买卖双方的交易体验,优化物流服务成为 B2B 平台的重点工作。

从 B2B 的 1.0 时代到 2.0 时代,物流运输工具也不断丰富和提升,随着汽车、火车、轮船和飞机的全面运用,运输工具本身的提速达到瓶颈,运输流程的数字化和信息化成为物流发展的新方向。到了 B2B 3.0 时代,物联网开始被初步应用到物流中来。国务院 2017 年印发的《关于进一步推进物流降本增效促进实体经济发展的意见》中,明确提出加快推进物流仓储信息化、标准化、智能化,大力推进物联网、RFID 等信息技术在铁路物流服务中的应用。[①] 所以在 B2B 4.0 时代,物联网将在 B2B 物流中扩大其应用范围,加速实现 B2B 智慧物流。数字化的物流、信息流、资金流汇聚在服务合一的 B2B 平台,推动 B2B 全行业交易效率的提升,B2B 向更高的智能化迈进。

---

① 国务院办公厅关于进一步推进物流降本增效促进实体经济发展的意见[J].中华人民共和国国务院公报,2017(24):18－21.

B2B 物流与物联网的结合诞生了 B2B 智慧物流,智慧物流的应用可以极大提升仓储、运输、配送、信息服务等多功能于一体的物流服务能力,让配送的整个过程具有思维感知、推理判断和自行解决物流问题的能力,达到对货物的实时在线监测、定位追溯、预案管理、决策支持、安全防范等管理和服务功能,将企业与企业之间的通信网络扩展到更为广阔的物与物的世界。

B2B 智慧物流与 B2B 传统物流存在本质的区别,传统物流是单一环节,只能实现企业货物在时间和空间上的转移,但智慧物流实现了整体的系统化,将整个物流链中的各环节连接起来,对不同的物流阶段进行实时跟踪和监控,实现商品与商品、商品与运输、商品与人之间的信息共享。

B2B 智慧物流利用物联网的集成智能化技术,如传感器、RFID 标签、GPS 等,使传感网络与实体世界产生交互,将虚拟信息与物理世界紧密结合,实现了对物联网环境下信息技术的集成化管理与高度融合,将原本的物流、信息流和采购、配送等环节紧密联系起来,打破了制造与运输的界限,使货物能够从源头开始就被 B2B 双方跟踪与管理,确保物流信息的及时化、网络化、智能化与可视化。

B2B 4.0 时代,随着数字化走向深入,通信网络及带宽等软硬件设备迅速发展,全面支持万物互联,接入物联网的设备快速增多,B2B 物流得以深入智能化发展。

物联网实现 B2B 物流要素的数据收集与管理

B2B 物流行业中,物流的作业对象是各种物品,如车辆、船舶、货物等,这些物品不仅品种繁多、形状各异,而且还经常处于移动过程中,要实现对它们的有效管理,首先需要通过物联网技术,实现对它们的信息感知,并通过区块链技术对信息进行分布式存储,之后传输到管理系统中,使其流动过程全程可视化和透明化。物流的全程数字化,为物流管理及 B2B 领域的资金流、信息流融合及新业务的衍生提供了基础。

B2B 物流中涉及的"物"分成三种,一是货物本身,通常会整合成集装箱、托盘等;二是运输工具,如货车、轮船、飞机等;三是基础设施,如仓库、港口等。物联网在 B2B 物流应用的基础,便是基于各种传感器技术,对这三类"物"的各种信息进行采集,并通过移动通信网络实时传输到数据平台,便于 B2B 双方企业进行实时监控。

货物的数据采集

智能集装箱是货物数据采集领域的典型代表。集装箱和托盘是新世纪物流领域的重要发明,在全球贸易中,超过 80％总货值的货物是使用集装箱运输的。

在物流运输过程中,集装箱通过它的唯一标识——"箱号"来识别;集装箱交接同样也是以箱号为准。但如果仅仅利用人工采集集装箱箱号数据,有 35％的记录状况都是不准确或不实时的,而采用图像识别方式进行监管,则需要用 4～5 台摄像头同时拍摄,成本较高,识别率也仅为 80％～90％,若是在雨雾中识别率则更低,这严重影响到整个物流过程的效率。并且随着集装箱运输的快速发展,除了集装箱箱号的记录方式与记录效率存在问题以外,集装箱货物被盗的问题也越来越严重。据统计,每年全球因集装箱失窃造成的损失达300 亿～500 亿美元,再加上因此导致的间接损失,全球每年约损失

2000 亿美元。

将物联网中的 RFID 等技术作为前端的自动识别与数据采集技术在物流的各主要作业环节中进行应用,可以实现物品跟踪与信息共享,极大地提高了物流企业的运行效率,RFID 技术在物联网中的使用催生了智能集装箱的出现。

RFID 技术是一种无接触自动识别技术,通过射频信号方式进行非接触双向通信,自动识别目标对象并获取相关数据信息。RFID 标签具有无接触式、大容量、快速、高容错、抗干扰和耐腐蚀、安全可靠等优点,易于安装维护。①

2015 年,法国达飞轮船新建造的"CMA CGM Bougainville"号集装箱船首次使用了智能集装箱技术。"智能集装箱"内置多个 RFID 及传感器封条等传感设备,实时采集信息,并利用内置的中继天线,将传感器采集的信息发往数据中心。近年来,智能集装箱逐渐成为物流发展的新趋势。

智能集装箱主要是将写有集装箱编号、所属企业、出运目的地、产品代码、货物品类和保存方式等箱、货流信息的 RFID 电子标签附加在集装箱和托盘上。对集装箱而言,RFID 标签一般做成电子锁,可以同时记录货物的完整性,然后将 RFID 阅读器部署在仓库、港口等作业区的出入口、货架、叉车、起重机等位置,当带 RFID 标签的集装箱或托盘经过阅读器附近区域时,阅读器可以自动读取出 RFID 中保存的货品信息,并获知货品的位置,从而能够实时通过网络将货品所有信息数据上传到数据平台,为货品流转的监控和管理提供基础。

---

① 崔利刚,邓洁,王林,等.基于改进联合采购及配送模型的 RFID 投资决策研究[J].中国管理科学,2018,26(5):86－97.

麦德龙的 RFID 托盘跟踪系统

2016 年 8 月,零售巨鳄德国麦德龙(Metro)宣布:要求其顶级供应商从 2016 年 10 月 1 日开始在发往全德 180 个麦德龙卖场的货运托盘上粘贴 EPC Gen 2 RFID 标签。麦德龙集团多年以来一直在协调部分供应商共同努力实现托盘层级的 RFID 标识。在引入 RFID 的前 100 天里,麦德龙通过使用 Intermec 的 Intellitag RFID 读写器,成功识别超过 50000 个托盘,其标签的识读率超过 90%,仓储人力开支减少了 14%,货物丢失率降低了 18%。

在业务量最大的乌纳配送中心,麦德龙建立了 RFID 托盘的全面跟踪系统,部署了多项 RFID 应用。托盘跟踪是配送中心 RFID 系统的基础,超过 100 位的麦德龙供应商在仓储、物流、配送的货箱和托盘中使用了 RFID 标签。

仓库的仓门上安装了固定式的智能数据采集设备,当货盘经过仓门时,货箱标签上的数据可被自动识别、采集,并通过自动整理传递到企业系统内;系统将此信息与发货通知的电子数据相核对,符合系统订单的托盘将被麦德龙批准接受,供应链的库存系统也会在商品入库时及时更新。这个过程不需要人工操作参与,极大地减少了劳动力成本。

在反方向的工作流程中,RFID 技术保证了仓库能够准确、迅速地把商品交送至零售商店:叉车工作人员通过指令接收订单,读取 RFID 地点标签来确认货物提取的地点、种类、时间、数量等信息,将被提取的货物送至包装区域,再将其装上货盘传送到指定店面。

RFID 系统还极大地改善了货物交验程序。伯克利大学针对麦德龙的调查数据显示,使用 RFID 系统识别货盘、确认发货和入库处理后,每辆货车的检查及卸载任务时间平均节约了 15～20 分钟;同时还可以及时发现供应链中未及时到位的货物,提高了库存准确度,缺货情况也降低了 12% 左右。

运输工具的数据采集

货车运输是我国 B2B 物流最主要的运输形式,对货车信息的采集和传输,也是过去几年发展最快的领域。在 2G 时代,货车信息采集主要是对位置和路径的采集,运用的是物联网的 GPS 作为基础的货车监控系统,通过在车内安装 GPS 硬件终端,实时采集车辆位置等数据,并通过 2G 网络上传到远程服务器,从而实现集中的监控和调度等功能。但是 2G 时代的通信网络能够传输的信息并不多。2010 年开始,随着 3G 网络的普及,网络能够传输的数据量显著增加,采集更多车辆数据的 GPS 终端和对应的车辆综合管理系统开始被广泛应用。

GPS 是一种通过卫星无线电作为导航的系统,它的服务范围包括航天、陆地、海洋等,为其提供相关的导航、定位等信息内容。[①] GPS 功能如表 8-1 所示。GPS 的应用可以实现对货物仓储、配送、运输等各个物流环节进行全程实时监控,加强物流运输车辆的管理力度,提高运输效率,优化企业的物流供应链。

---

① 王晶.GPS/GIS 在我国第三方物流企业的应用研究[J].科技管理研究,2009,29(12):214－216.

表 8-1　物联网技术 GPS 功能与作用①

功能	描述
系统用户管理	物流企业对货物进行远程调度、实时监控等系统操作,客户通过系统获取货物运送状态
地图	地图展现、缩放、拖动浏览;管理电子图层,查询地理位置;距离测量
监控	显示车辆在地图中的即时地理位置,定位、搜索和追踪车辆轨迹
定位跟踪	实时显示车辆的即时速度、方向、位置等信息,同时实现防盗功能
轨迹回放	用于单车/多车的历史行驶记录的显示,便于运行和事故分析
区域设置	设置多种区域,下发到车辆上,提供信息提示功能
线路文件绘制	制作车辆行驶文件,包括最优行驶线路,每段路径的最高限速、限行时间等,并下发给车辆,如违反则向系统报警备案
信息查询	实时查看车辆的联系方式、车证等信息
信息统计	车辆的行驶里程、报警原因及次数、油耗等信息
货物信息通知	通过监控端将货物信息发送至车载 GPS 终端
路况信息	通过监控端将路况信息发送至车载 GPS 终端
话务指挥	监测车辆运行状况,通过即时通话实施合理的车辆调度,实现管理目的

　　车辆监控系统主要包括 4 个部分(如图 8-1 所示):GPS 定位卫星系统、车载终端、无线运营商的通信网络及监控中心。物联网中的 GPS 定位卫星系统能使物流监控中心实时获取运输车辆的动态信息,综合分析运输车辆的运行状态、行程计划的具体执行状态以及其他重要的

---

　　①　张其善,吴今培,杨东凯.智能车辆定位导航系统及应用[M].北京:科学出版社,2002.

信息,能够对运输车辆进行实时调度;并能与运输货物流量、仓库储存量进行结合,制订出合理、可行的调度计划,将调度计划及时发送给相应的运输车辆的车载终端,司机通过车载终端快速了解调度计划,确保调度计划的及时实施。不只是货车,GPS 物联网技术在船舶等运输工具中也有应用。

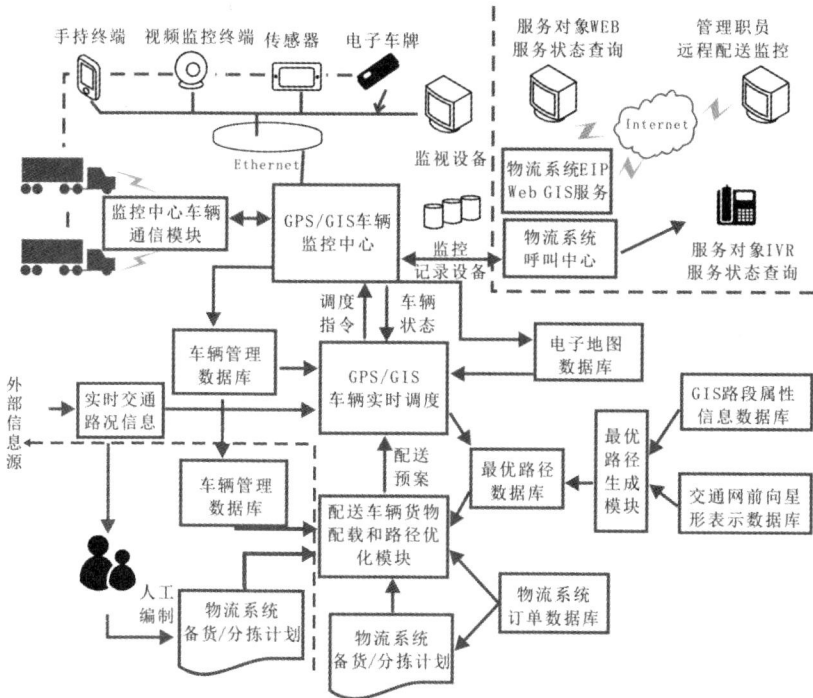

图 8-1 基于 GPS/GIS(GIS:Geographic Information System,
地理信息系统)协同的车辆监控和调度系统①

对于货品运输过程而言,运输工具的数据收集固然重要,但是运输过程中货物的保存质量同样是决定交易是否顺利完成的重要影响因

---

① 冯亮,梁工谦.基于 GPS/GIS 协同的动态车辆调度和路径规划问题研究[J].计算机科学,2017,44(9):272—276,285.

素。货物在运输过程的保存问题主要体现在生鲜产品上,冷链物联网温控管理监控系统也是运输过程中一个重要的组成部分。我国每年约有 4 亿吨生鲜产品进入流通领域,但是和英美等生鲜农产品冷链流通量达 95％以上的发达国家相比,我国绝大多数生鲜农产品缺乏冷链保障,导致生鲜在火车或船舶的运输过程中腐损较为严重,每年因此损耗的金额极高,所以运用物联网技术解决生鲜冷链体系建设问题尤为重要。对冷链的监测等同于对车厢冷库的监测,是对于货车或船舶等在运输过程中货舱温度、位置等实时信息的感知。冷链监测要求更加严格,在冷链运输车内部安装采集模块,可以利用传感器实时获取冷藏运输车厢的温湿度信息,通过 RFID 标签存储并传送至可视化监控平台,实时监控冷链车厢内部环境,实时监控冷链运输车的工作状态,一旦冷链车厢温湿度超出系统根据车载产品类别及品质等级设定的合理区间,或者冷链运输车遇到严重前进障碍等问题,系统便会自动预警,同时向冷藏运输车发出调控指令。[①]

小雪冷链:互联网冷链综合服务平台

小雪冷链是卓尔智联旗下集冷冻、冷藏、保鲜运输、物流配送为一体的 B2B 冷链服务平台,整合卓集送平台强大的物流运力和自有运力,形成冷链运输体系,深入物流、通关检疫、仓运配等物流供应链全程,面向企业客户、经(分)销商终端零售等提供端到端的冷链物流服务。

依托互联网物流平台打造的强大冷链物流运力池,小雪冷链可满足 1 小时内快速响应配送的需求。同时,其特别打造的一体化温控定

---

① 汪旭晖,张其林.基于物联网的生鲜农产品冷链物流体系构建:框架、机理与路径[J].南京农业大学学报(社会科学版),2016(1):31—41.

位集成系统,可严格按照冰品温控需求,将车厢温度控制在-20℃～-18℃范围内,确保货品正常销售及食用。该系统还可为客户提供全程可视的实时监控式配送服务,确保每一环节均照章执行,严守质量关。

冷链物流GPS物联网温控管理监控系统是一套通过在冷链运输车内部安装采集模块,通过实时监控冷链车厢内部环境,采集技术指标和上报告警的系统。目前,小雪冷链所有运力车辆(自有车辆、挂靠车辆、社会调度车辆)已全部安装车载GPRS(General Packet Radio Service,通用分组无线服务技术)温湿度记录仪,采用物联网技术实时保障食品在途运输安全和温度质量标准。在冷链运输车辆驶出冷库、运输在途的过程中,通过陀螺仪采集车辆箱体偏转度数、全球定位系统(GPS)定位车辆的行动轨迹、温度传感器实时获得车辆内食品的温度、湿度传感器获得相对湿度。

这些车货数据信息通过服务端接收程序实时反馈至用户后台管理系统,管理人员可登录至监控入口,随时进行监测。同时,系统自动对比预先配置的正常指标数据,如超过阀值异常指标,将启动告警预警,提醒管理员在规定的时限内采取应对措施。

食品冷链物联网的建设,是一项集硬件设备、软件系统等大量资源投入的现代物流物联网技术工程。从原材料采集到终端的整个过程中,包含生产、加工、流通、多式联运等各个流程环节,涉及众多物联网设备。同时,小雪冷链汉口北物流仓配中心已构建了相对完整的DC(Distribution Center,配送中心)、TC(Transfer Center,转运中心)、PC(Process Center,流通加工中心)等多功能分布区,针对不同食品品类的温控仓储标准,小雪冷链配置了相应的温带冷库装置。

海上鲜：一站式渔业综合服务平台

卓尔智联集团投资的海上鲜是基于"北斗＋互联网＋渔业"的一站式渔业综合服务平台，为海鲜买卖双方提供海上通信、交易平台、供应链金融及相关增值服务，其生态系统如图 8-2 所示。

海上鲜基于北斗卫星导航系统与互联网平台技术，研发了"海上互联网移动平台"，采购商无须等渔船到港，在海上即可通过平台获知渔获捕捞情况并下单订货，目前"海上 Wi-Fi"及交易平台覆盖了黄海、渤海、东海等中国主要渔业产区 20 多个沿海站点，25000 余艘渔船及数万户买家。

船舶的实时数据采集和传输与汽车不同。船舶航行的很多非沿海区域没有移动网络信号覆盖，直接使用卫星通信成本又过高。出于航运管理需要，中国海事局从很早就开始推广 AIS（Automatic Identification System，船舶自动识别系统），实现了对船舶航行的静态和动态信息进行连续的监视和管理。不过，国家对吨位较小的渔船没有强制安装 AIS 系统的要求。到目前，广大渔船在海上通信仍存在着困难。

海上鲜的切入点是，海上没有移动网络信号的覆盖，但渔民们每次出海少则 10 天，多则 30 天，亟须通信服务。于是，海上鲜基于中国北斗卫星导航系统与互联网平台技术研发了"海上互联网移动平台"，通过该平台用户只需支付非常少的费用，便可以在个人智能手机上与家人互通短信、获取天气预报、导航定位等，还可以及时了解鱼市行情。

更重要的是，通过海上鲜的 App，可让买方即时获取渔船在海上的捕捞信息，渔船在捕捞的同时就能洽谈交易。采购海鲜的商家掌握了捕捞信息后,就可以直接通过手机软件下单,渔民们也可根据收揽的生意单进行捕捞。这就避免了盲目性采购,同时节约交付时间,最大限度保证海鲜的新鲜度。

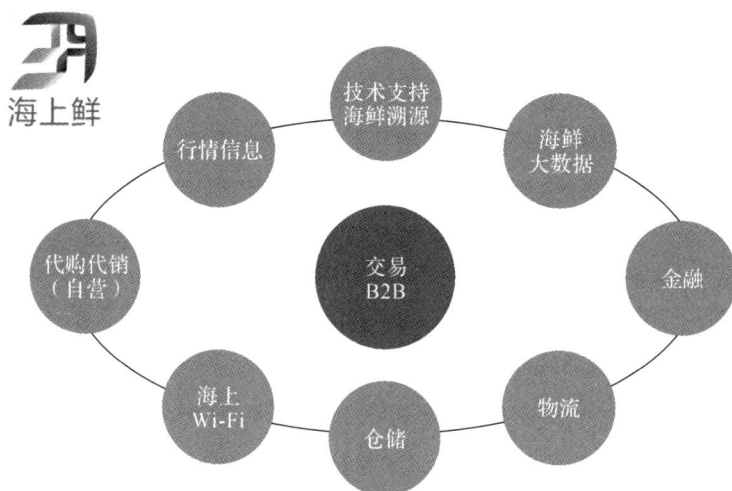

图 8-2　海上鲜生态系统

此外,海上鲜还为渔民提供海上冷链物流服务,从源头把控鱼货质量。海上鲜在海洋渔业捕捞作业的源头环节增设渔运船,通过海上鲜服务平台的信息调度,及时地进行海上物资输送,有效提升鱼货整体的流通效率与保鲜质量。

目前,海上鲜现已升级完成四大服务模块:海上通信(低价补贴渔民,批量安装海上宽带通信终端,支持渔民海上通信及上网)、撮合交易(通过平台促成交易,用线上撮合方式增加用户支付货款的便利性)、供应链金融及针对渔民的增值服务(保险、海上物流、供油)。历时三年,海上鲜已经实现了源头鱼货—海上 Wi-Fi 和物流服务—平台交易—冷库仓储—融资贷款—渔船保险的一站式渔业全供应链服务模式。

仓储中心/港口的数据流自动化

仓储管理,是对仓库及仓库内的物资所进行的管理,其核心包括进出库在内的仓库作业和移库、盘库在内的库存控制作业,作业过程中,同步记录和更新货物信息至关重要。过去货物信息的更新主要依赖人工录入和条码扫描的方式,效率低、速度慢,不能做到自动化和实时信息的跟踪监测,条码也容易被复制和损坏。随着仓储货品增多、周期变短、批量减小,传统方式越来越难满足越来越高的库存管理要求。

在烟草、医药、汽车等不少领域的物流仓储中,基于 RFID 的仓储管理系统得到了成熟应用。基于 RFID 非接触高速识别的特点,通过在仓库的货架、托盘、叉车、出入口等位置布置 RFID 标签和阅读器,使货品在出入库管理、查找和盘点等作业时,数据能自动同步到 WMS (Warehouse Management System,仓储管理系统),实现仓储管理的数据流自动化,实现实时可视化监控,显著提高仓储管理透明度,提高管理效率。如果再搭配自动化装备,可以构建完全自动化的仓储中心。

基于 RFID 技术,在货品入库时,入库口通道处的阅读器识别物品的 RFID 标签,对接数据库进行核实,合格则录入系统,指引叉车等找出最佳路径将货物运送就位并完成入库;不合格则自动报警,禁止入库。出库时,系统按出库单要求,自动确定最优提货路径,根据 RFID 找到出库货品,在出库口读取 RFID 标签,进行订单对比,正确时出库并减存,异常则提示工作人员处理。

库存管理时,通过 RFID 信息可以快速查找到物品,对分类物品进行定期排查,分析库存变化。货品移位时,系统自动识别 RFID 标签,在 WMS 中同步更新货品库存信息,不再需要人工检查或扫描条码。物品在堆场的检查时,利用 RFID 技术穿透性的特点,在不移动货品的情况下,完成盘点、查找和记录。

港口是区域经济体的重要组成部分,全球 90％以上的物资要通过港口进行运输和卸载,旧的港口运作已经不适合目前高效的运输流程,港口必须向科技化、智能化的智慧港口转型。通过应用物联网技术,能够实现港口的信息化和互联化,使供给方和需求方共同融入港口集疏运一体化系统,实现车、船、货、港、人五大基本要素之间的无缝连接和协同联动,为现代物流业提供高安全、高效率、高品质、高服务的现代港口形态。智慧港口能够提高港口货品集装箱管理、进出车辆管理及船舶管理的效率。以港口货物装船为例,货主将货物运送至储运中心,完成货物装箱并加装 RFID 电子标签锁,并以手持终端启动电子标签。此后在集装箱运往码头集装箱场、经过起重机装船等环节时,都通过阅读器读取集装箱电子标签的状态,确保装船的集装箱状态正常,并同步信息到港口管理系统,实现全流程数据的自动化和实时在线监控。基于 RFID 技术也可以自动完成集装箱堆码检查和查找。

宁波港码头智能闸口系统

宁波港码头智能闸口系统将箱号识别(OCR)、车号识别(RFID)、箱体检查(CCTV)、电子数据交换(EDI)和实时控制等先进技术有机结合,以港口作业流程为核心,对车辆作业号、集装箱箱号、电子地磅进行现场数据采集,动态监控进出港车辆的分布情况,调整机械设备和人力的分配,加快物流的通行速度,并为码头管理提供科学的数据分析,实现集装箱闸口管理由人工方式转为智能方式的变化。

该系统可使集卡在闸口的通行速度由原先的每辆需 2 分钟缩减为现在的 30 秒。系统设备由发卡器、控制器、RFID 远距离车辆卡、远距离 RFID 读卡器、车辆检测器、地感线圈、道闸及设备箱等部分组成。通过发卡器，把车辆信息写到 RFID 远距离车辆卡中，当安装了 RFID 远距离车辆卡的车辆压到地感线圈时，读卡器开始读取该车辆信息。过地磅时，OCR 与 CCTV 系统启动，CCD 摄像头识别该车辆车厢号。

车辆信息和车厢号统一发送到后台系统进行核对，当信息核对成功后，后台发送指令，打印行车指南。司机取走行车指南后，道闸栏杆升起。车辆进入港区，栏杆自动关闭。当信息识别有误，后台工作人员可立刻检查原因，禁止车辆入港。

由于每张卡带有唯一的 ID 号，不可复制，而且安在挡风玻璃上之后一拆即碎，因而有效地控制了车牌伪造、套用现象，而未在系统中登记注册的车辆将无法进入港口，保障了港口的秩序。同时，以前道口人员抄录车牌号、集装箱号和打印小票指南的操作都全部实现自动化，减少了人工干预，提高了工作效率。

源头数据的收集、追溯与安全管理

物联网技术实现了对商品全流程物流要素的收集，也为商品溯源提供了可能。2015 年，国务院办公厅印发的《关于加快推进重要产品追溯体系建设的意见》，鼓励在食用农产品、食品、药品、农业生产资料、特种设备、危险品、稀土产品等 7 个领域发展追溯服务产业，支持社会力量和资本投入追溯体系建设，培育创新创业新领域。

商品溯源在 B2C 行业已经具备了初步的应用,例如,阿里巴巴集团的菜鸟物流与天猫国际布局的溯源领域,利用物联网技术和区块链技术跟踪、上传、查证跨境进口商品的物流全链路信息,涵盖工厂生产、海外仓库、国际运输、通关、报检、第三方检验等商品进口全流程,用户通过阿里系客户端能查阅到全流程的物流和监管等商品信息,多方上链机制允许消费者交叉印证各项信息。

对 B2B 行业来说,商品实现溯源功能也非常重要,甚至直接关乎企业的生存与发展。B2B 贸易品种丰富、规模大、金额多,商品的来源地、真假、质量直接关系着企业的产成品质量、销售情况,甚至会影响其商誉,为其带来经营风险。另外,在 B2B 的贸易中,很多商品并不是完整意义上的标准品,而是结合不同品牌生产出来的,商品价格和质量都有一些差别,企业需要对其进行一定的判断与甄别。对企业来说,通过物联网技术,进行相应的源头数据收集和追踪,可以进行商品全流程管理,提高品牌美誉度,提升经营效益。

另外,建立产品追溯体系,将产品流转全流程数字化,也使监管部门可以通过网络方便地查询产品的生产和流通信息,防范假冒伪劣产品,对行业和市场进行有效的维护。在溯源系统的监督下,市场上的假冒伪劣产品可以得到有效的遏制,行业将更加安全化、规范化、高效化地发展。终端消费者可以买到安全、高质量的商品,整个市场的消费环境也将得到净化。

慧聪集团布局食药行业防伪溯源

2018 年 5 月 7 日,慧聪集团发布上市公司公告,称与山东德州扒鸡、山东宏济堂及北京同仁堂分别签署了战略合作协议,利用物联网和区块链技术布局食药行业防伪溯源，助力我国健康产业的发展。

在与德州扒鸡的合作中，慧聪集团在品牌防伪、智慧溯源、场景应用、区块链打造等方面进行合作。每只鸡从鸡苗到成鸡、从鸡场到餐桌，所有产生的真实数据都被写入链中，实现每只鸡的追根溯源，打破从鸡苗的供应源、养殖基地，到屠宰加工厂、检疫部门、物流企业等环节的信息壁垒，解决扒鸡产品供应信息流等环节的信用问题。

在与宏济堂的合作中，慧聪集团向其提供阿胶全程溯源系统，利用物联网及区块链技术，对其阿胶产品从毛驴养殖、检疫、炼胶，到流通、销售的全生命周期的高标准品质控制进行资料追踪、写链，以达到规范阿胶市场，提升消费者对品牌的信任，扩大宏济堂品牌知名度的作用。

在与同仁堂的合作中，基于云平台，利用大数据、物联网、互联网等技术提供数字化物流追踪管理、消费管理及商品安全防伪等产品全生命周期追溯管理服务，慧聪集团为北京同仁堂的"安宫牛黄丸"产品在仓库物流流向及消费者防伪查询两个场景应用相应技术，提高产品透明度和可追溯性，防止假药在医药品供应链上扰乱市场，形成健康稳定、循环良好的中药体系。

物联网利用数据推动 B2B 智慧生产

物联网是企业转型升级，实现智慧生产的基础。在利用 RFID、传感器等各种技术对物流各要素进行数据采集的基础上，B 端企业将物流中所采集的数据转化成生产的一大要素并应用到生产智能化管理中,提升企业的生产效率及管理效率,降低企业生产成本及库存压力,提升行业资源配置效率。

基于商品的全流程数字化信息记录,企业通过对物联网数据的利用,升级智慧物流和智慧供应链的后勤保障网络系统,直接感知和汇总终端顾客需求,驱动企业生产,最大限度地实现供需匹配,满足多变的消费者需求,还能根据车间内生产状况信息合理调度生产资源,并结合分销商数据实现快速及时补货。过去由于商品没有联网,难以做到对终端产品销售信息的实时获取,而物联网技术提供了这种可能。

实现供需精准对接的按需生产系统

多年以来,工厂的生产一直是基于客户需求预测驱动的供应链物流模式,实行大规模生产、库存销售,这种模式在投资和生产成本方面有明显优势,但对需求预测的失准,会导致渠道产生库存积压,产品周转率低,占据仓储空间及仓储管理资源时间过长,导致对企业而言产品过剩的成本极高。党的十九大报告中提出,必须坚持质量第一、效益优先,以供给侧结构性改革为主线,推动经济发展质量变革、效益变革和动力变革。企业应该把提高供给体系质量作为主攻方向,利用新技术做到按需生产。

市场在随着消费者喜好而变化,B端企业也在随着市场而变化。不同的需求方企业有着不同的个性化需求,但是以往工厂的大批量生产模式单一,产品品种和数量有限,难以适应需求方企业越来越个性化和快速变化的需求,通过利用物联网技术,如 RFID 技术、传感器技术等,采集大量精准数据并加以分析,对企业生产有指导性作用。

例如,在商品流转的每个环节,都可以通过将 RFID 嵌入商品,或在货架上使用物理传感器等,及时获知每一个货品状态,使企业实时了解分销链,根据货品实际销售情况合理调整生产计划,争取做到多销多产,少销少产,货品的生产数量根据消费者偏好进行灵活调整,合理调整产品生产周期。通过 GPS 技术对运输车队或船舰进行实时定位,使企业实时获取运输信息,根据运输进展合理安排生产进度,减少货品在厂房的堆积时长及成本,降低货车/船舶的空载率。通过港口反馈的信息,企业能够实时掌握港口进出情况,如港口停运、港口船舶承载压力多大等,厂家同样能够根据港口信息进行生产预测。

建立生产车间的智能调度系统

运用物联网进行智能调度的例子随处可见,比如说通过 GPS 实时监测车辆位置及路面状况,企业根据物联网反馈的信息对车辆发出调度指令,司机通过车载设备实时接收指令,根据调度指令对车辆行驶进行调整。摩拜为每辆共享单车都配备了芯片,可以精准掌握每辆单车的位置和状态,根据实际情况进行车辆空间分配,平衡潮汐问题,提高用车率等。

物联网除了能应用在车辆等运输工具的智能调度上,还能在车间生产资源调度上发挥重要作用。车间生产的资源调度是现代化生产管理中的一个重要环节,改善车间资源的调度能够大大促进生产管理的效率,提高生产管理的自动化水平,提升企业竞争力及社会经济效益。

车间生产调度问题是指针对某项可以分解的任务,在已有资源、环境等条件的约束下,如何有效地分配每一部分任务所占用的资源、生产时间及生产顺序等,以得到一个最佳的生产效果。生产资源包括:原材料、设备(加工、存储、运输)、人力、资金和能源等。衡量指标包括:生产成本、库存成本、生产周期、设备利用率、人力物力利用率等。伴随着新技术的发展,如物联网等技术的普及,车间调度问题得以智能化发展。[①]

传统的生产调度方法主要是依靠车间管理者的经验及专家意见来分配每个生产线上的人力、物力及设备资源等。而当物联网一旦被应用到生产车间中来,生产调度问题就能够建立在数据的基础上,得到智能化的解决。

首先,物联网在车间的应用能够促进生产资源利用率的最大化。通过 RFID 技术和传感器,可以实时监测货物生产状况,检测不同生产线的承载量,考虑各个工序的生产节拍,优先合理地将人力物力分配到任务最重的生产线上;可以监测人或设备的动向和闲置状态,充分利用劳动力和提高设备利用率;还可以监测货物位置,为后台计算货物运输最短路径提供数据,尽可能避免货物运输渠道冲突状况的发生。[②]

其次,物联网在车间的应用能够最高效地解决故障问题,保障作业安全。将物联网技术应用到生产设备及生产线上,可以第一时间发现设备故障、辊道故障、RGV(有轨制导车辆)故障、操作异常等问题,使车间变动性增强。

---

① 胡祥培,孙丽君,王征.基于物联网的在线智能调度方法的相关思考[J].管理科学,2015,28(2):137—144.

② 赵晴晴,王建正,郝尚清.制造物联中的 RFID 多标签防碰撞技术分析[J].东南大学学报(哲学社会科学版),2015,17(S1):57—60.

搭建快速响应的产供销系统

敏捷制造是近年来出现的一种新的制造系统模式,强调生产系统的柔性和并行性,注重生产过程中的信息网络化和生产技术集成化,能够帮助企业提高产品的快速响应能力,以适应产品市场需求的不断变化。[①] 而从企业生产和销售能力的角度来看,敏捷就是指能够使产品制造提前期短、种类多、批量少,能给顾客带来更多的价值。[②] 快速响应是敏捷制造的重要标志之一,代表生产能够对客户需求给予快速的响应。而物联网技术的演进,为敏捷制造的进一步发展提供了技术支撑。

物联网技术促进产供销的快速响应主要表现在两个方面:一是及时快速补货,二是灵活调配仓储库存。

通过在货物中植入 RFID 芯片,实时监测分销商/门店货物的使用状况或销售状况,并通过互联网反馈到产供销各方,使供应商及生产商能够同步掌握信息,在货物断销前做到提前生产,并提前配送补货,从而最大限度地减少缺货和超额成本情况的出现,通过自下而上的联合多层级补货系统,帮助产供销各方提高库存管理水平,减轻库存压力。除了能够及时补货以外,通过预测不同区域的货物销售数量,企业还能合理调配不同地区的库存量,减轻企业运营成本及运输成本。

---

① R. Anthony Inman, R. Samuel Sale, Kenneth W. Green, Dwayne Whitten. Agile manufacturing:Relation to JIT, operational performance and firm performance[J]. Journal of Operations Management,2010,29(4).

② Robert J. Vokurka, Gene Fliedner. The journey toward agility [J]. Industrial Management & Data Systems,1998,98(4).

物联网推动智能生产的实践

RFID 芯片:服装行业的数据抓手

普拉达(PRADA)在纽约的旗舰店中,每件衣服上都有 RFID 码。每当一个顾客拿起一件 PRADA 进试衣间,RFID 会被自动识别,试衣间里的屏幕会自动播放模特穿着这件衣服走台步的视频。人一看见模特,就会下意识地美化自己。同时,数据会传至 PRADA 总部。每一件衣服在哪个城市、哪个旗舰店、在什么时间被拿进试衣间停留了多长时间,数据都被存储起来加以分析。

日本快销品巨头优衣库在全球 3000 家门店引入了 RFID 电子标签。H&M 早在 2014 年便已经引入电子标签,Zara 也于 2017 年在全球 2200 家零售店和物流中心完成了 RFID 系统的安装。

RFID 技术在服装行业的多个环节得到应用,实现供应链全程的商品实时动态跟踪查询,对商品数量、销售情况等信息进行监控管理,为企业管理者提供真实、有效、及时的管理和决策支持信息,以此降低经营成本,提高利润率和竞争力。目前,服装行业应用 RFID 技术的典型场景有 3 个:

(1)生产环节(对应场景:工厂)。每一件服装对应的一枚 RFID 电子标签可以包含从生产到售出的所有信息数据,使管理者能够准确、高效地定位可能出现问题的地方。在生产过程中,利用 RFID 电子标签可以管理、控制生产进度及调度,记录不同的工序和工段实际产生的结果。

(2)仓储环节(对应场景:仓库)。利用 RFID 技术的多目标识别和非可视化识别特性,可以提高收货、配货、发货、盘点等仓储作业效率和库存管理准确率。

(3)销售环节(对应场景:门店)。门店可采用手持式阅读器进行服装统计。消费者购买服装时,销售员通过 RFID 标签阅读器向消费者展示服装的详细信息,商品销售后可将 RFID 标签回收重复利用,以节省成本。

通过 RFID 手持式阅读器或专用盘点设备,门店可以实时对在架商品和库存商品进行盘点,大幅缩短盘点时间,提高盘点准确率。同时,结合集成有 RFID 功能的显示屏等设备,门店可以更好地向顾客展示商品的详细信息,包括穿着效果、搭配推荐等,方便店员为顾客提供更个性化的服务。

对于 RFID 技术带给服装企业的应用效益,可以概括为提高供应链效率和零售库存准确性、防止商品损失、提升客户体验等 4 个方面(如图 8-3 所示)。

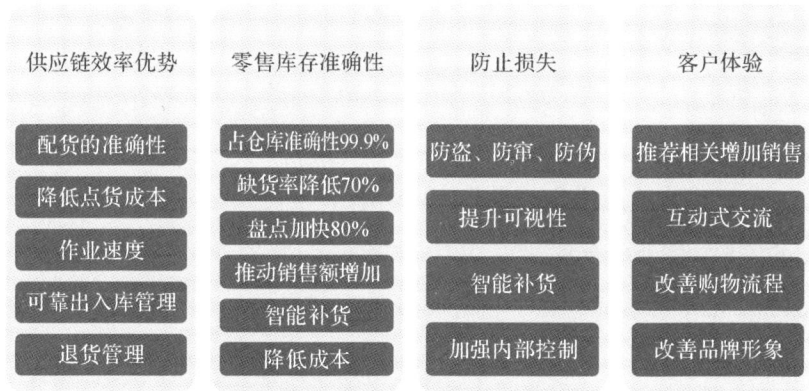

供应链效率优势	零售库存准确性	防止损失	客户体验
配货的准确性	占仓库准确性99.9%	防盗、防窜、防伪	推荐相关增加销售
降低点货成本	缺货率降低70%	提升可视性	互动式交流
作业速度	盘点加快80%	智能补货	改善购物流程
可靠出入库管理	推动销售额增加	加强内部控制	改善品牌形象
退货管理	智能补货		
	降低成本		

图 8-3 RFID 的业务效益分析

迄今为止,一些实例表明,RFID 确实在企业库存管理的精确性和效率提升方面起到了重要推动作用。RFID 技术使企业库存的精确性不断提高，脱销或者滞销现象大幅缩减，缓冲库存量降低，重复订单的临界值不断优化，节省出大量货架空间。实施 RFID 技术的仓库比未实施 RFID 技术的仓库销售量提高了 3%～8%，零售商库存盘点速度提高了 20 多倍，库存数据精度提高了 30% 以上。RFID 技术的实施，大大提高了企业库存管理的精确性，也提高了企业为客户服务的准时性、高效性和精确性。

虽然目前将物流物联网数据应用到智慧生产中的例子普遍出现在服装业等 C 端中，但是 C 端纷纷尝试物流物联网的应用恰恰说明了此生产模式的可行性，将其应用到 B 端中只是时间的问题。

新技术推动物联网在物流中的新应用

物联网协助金融风控管理的新模式

基于物联网的物流数字化，是物流、资金流和信息流三流能够协同的关键，也为平台的撮合交易、供应链金融等业务提供了重要支撑。而 B2B 中小企业对于金融服务的迫切需求，也将随着物联网的发展而得到改善。如今大部分 B2B 电商平台都会利用自有资金或与金融机构合作，为平台上企业提供供应链金融服务。然而不论是货物抵押还是何种方式，风险管控始终是金融的核心。依靠平台交易往来所形成的订单、运单、收单、融资等经营行为数据，结合基于物联网的物流仓储全流程信息，可以有效构建大数据风控模型，促进 B2B

新模式的出现。

例如,通过位移、红外线等各种防盗技术,物联网更好地解决了在库商品的安全性问题。现在普遍采用的第三方监管、白名单机制等风控手段会增加交易成本,而物联网技术通过保证货物安全,可以低成本、高效率地为在库商品质押融资保驾护航,更好地完成供应链金融中的风险控制。

对货运企业而言,物联网的应用能够降低投保成本。通过物联网实时监控,货运企业减少了运输过程中风险的发生,降低了保险公司的赔付率,让保险公司能够根据企业的历史信息和在运输过程中的综合信息,建立企业的画像和个性化风险评级,从而使保险公司针对物流企业推出更个性化、性价比更高的保险服务。一旦有事故发生,物联网及时将信息传送到保险公司,为定损和责任认定节约大量时间,这些成本的节约将带来保费的降低。

物联网技术在风控管理中的应用可以将索赔过程的成本降低30%。在很多情况下,这种成本的节省会给 B2B 带来实惠,物联网设备已经帮助一些保险公司降低了 25% 的产品定价。

G7 运用车联网大数据平台把控付款风险

G7 是业界领先的智慧物联网公司,总部位于北京,并在成都、上海、广州设有研发中心及解决方案中心,业务覆盖全国及周边亚洲国家,平台上服务客户数量超过 5 万家,连接车辆总数超过 70 万辆,客户类型覆盖快递快运、电商、危化品运输、冷链物流、汽车物流、大宗运输、城市配送、货主等物流全领域。

接入超过 40 万辆货车的 G7 车联网大数据平台,探索了平台利用物联网大数据的更多可能。G7 的物联网硬件提供了合作物流车队的驾驶路线、驾驶行为、使用频率，车辆利用率、安全状况等信息，这些信息不仅让货主、物流公司、司机三方在运输管理过程中信息透明，更是成为车队在平台的信用资产。基于这些信用资产，除了常见的金融服务，G7 还为车队提供类似信用卡模式的 ETC（Electronic Toll Collection，不停车电子收费系统）记账卡系统。

基于 G7 提供的 ETC 记账卡，货车司机可以凭卡先过路，后付钱，G7 自己则承担每天 5000 多万元流水的风险。G7 之所以敢给 5 台车、10 台车的货运公司提供 ETC 设备，就是因为他们的驾驶行为、路线、使用频率、车辆状况等信息都在 G7 平台中，形成的数据积累和综合信用评价使 G7 能够把控付款风险。

G7 的一位高管表示，G7 平台目前六七十亿元的流水中未付款不到 100 万元，坏账率在万分之一左右，这是非常低的水平，在过去，传统银行、金融机构的风控都难以做到。这位高管还表示，G7 在与全球顶级的电子刹车系统（EBS）厂商合作，将使挂车的远程控制成为可能，进而为实现货车的共享，在物流领域构建共享经济模式提供可能。

尽管物流行业伴随着物联网技术取得了不少应用，当前物联网整体发展仍是相对初级的，尚处于发展的早期阶段，预计将在 2025 年左右发展成熟。

从物联网本身看，以 5G 为代表的全面物联网的基础设施目前也还没完全建成，物联网的数据采集、传输和应用在技术上都还有很大的发展空间，而物联网未来的发展也必定会带来 B2B 智能化的快速发展。

底层硬件基础设施深化万物互联

对于物联网技术而言,底层基础设施建设主要包括 3 方面的建设:移动通信网络的建设、窄带物联网(NB-IoT)的建设及低轨道卫星的建设。

首先,5G 移动通信网络的建设为物联网提供了更多的数据表现形式,使 B2B 行业能够以更多样化的形式呈现数据,推动智慧物流发展。[1]

过去的几十年,移动通信网络从 2G、3G 发展到如今的 4G,已经基本上实现了人与人之间的连接。不论是文字、语音电话还是图片、视频,任何形式的数据在人与人之间的即时传递都已经变得非常简单。但是物与物、物与人之间的连接,还停留在比较简单的阶段。目前基于 2G/3G/4G 网络的物联网虽然也有不少应用,但其设计之初就是面向人与人的移动通信的,并不完全适合各种物联网应用。

第五代通信网络 5G 在设计之初,就充分考虑了物联网的应用场景。5G 未来要实现三大应用场景:大流量高速移动宽带业务、大规模物联网业务和低延迟、高可靠连接的业务。三者中大规模物联网业务专门面向大规模设备连接,其他两项也为物联网提供了高速、可靠的发展背景。

其次,窄带物联网的建设使入网物品的数量大幅提升,对 B2B 行业而言,更多的入网物品就意味着更全面的数据采集和更智慧化的发展。

---

[1]　冯昭奎.信息技术发展趋势与半导体产业增长点[J].国际经济评论,2018(4):5,46－66.

窄带物联网也是类似于移动运营商网络一样的广域网络,但是专为物联网数据传输设计,数据传输的带宽低,速度慢,功耗低,可以使物联网设备在电池有限的情况下,保持长时间的续航,且可连接更多数量的终端。窄带物联网主要应用于传感器、计量表、智慧停车、物流运输、智慧建筑等使用频次低、数据传输量小但接入设备总量比较大的场景。

2017年年底,中国电信完成了全球最大规模的窄带物联网部署,完成了31万个NB基站升级,实现全国广覆盖并规模化商用。中国电信还斥资3亿元对物联网进行全产业补贴;同年11月,中国移动也拿出20亿元进行全产业模组补贴。目前,在运营商和设备制造商的强强联手推动下,窄带物联网产业链日渐完善,大规模建设基站,芯片成本不断降低,下游细分应用频频落地。在窄带物联网越来越完善的情况下,包括B2B物流在内,未来各行业还将有更多设备接入物联网。

最后,低轨道卫星的建设使物联网的覆盖范围更广,让B2B行业的触角能够到达更多以往不可及的领域。①

除了运营商建设的5G网络,在没有运营商覆盖的偏僻地区,如公海,卫星可能是唯一的通信方式。由于成本过高,目前卫星在物联网通信方面应用较少。近两年,越来越多的民营卫星公司成立,低轨道通信卫星网络的建设开始加速,网络建成后,卫星通信的成本有望降低,对无运营商网络的区域的物联网数据采集和传输形成很好的补充,船运有望显著受益。

---

① 鲁大伟,王奇伟,任光亮.低轨道卫星随机接入系统中多用户检测算法[J].西安电子科技大学学报,2018,45(5):184－189.

深度物联网推动物流新发展

大流量高速宽带业务网络将比 4G 网络速度快 10 倍以上,这样的速度为超高清视频传输提供了很好的基础,在利用物联网数据推动自动驾驶的同时,通过高清视频等数据的快速反馈,可以为后台远程控制提供基础,及时发现问题,减少事故发生率,简化企业管理,满足自动驾驶的需求。大部分物联网应用不需要如此高的传输能力,但是随着技术发展,以无人驾驶为代表的未来智能网联汽车和智慧交通,需要向着车同车、车同路侧设备、车同基础设施等多方通信的方向发展,届时大流量高速宽带业务网络将为此提供基础服务。

除了大流量高速宽带业务以外,低时延、高可靠性的连接业务也为物流无人驾驶提供新方向。当前的通信网络只能实现对设备的远程监控,并不能实现对设备的远程实时控制,延时、丢包等问题时常出现。低时延、高可靠连接业务对网络延迟的要求非常严格,并会对数据进行可靠性校验,主要面向工业远程控制等应用场景。基于高可靠、低延迟网络,在物流领域对物流车辆、设备的远程控制成为可能,为实现全自动无人物流奠定基础。

新技术的应用必然会带来行业的新突破,将物联网应用到 B2B 中,可以为 B2B 提供全方位的数据采集服务,只有在采集了足够的数据的基础之上,企业才能得到智慧化的发展。物联网的数据采集服务为企业下一步的人工智能发展打下了基础。

第九章

人工智能推动智能交易的B2B

随着近几年大数据、云计算的发展,B2B 电商平台把累积的数据加以利用,将产生巨大的价值:一方面,能够更为精准地分析市场需求,提高交易的质量和效率;另一方面,通过云计算和大数据分析,B2B 电商能够将企业的交易数据提供给银行等相关金融机构,作为企业融资的重要信用凭证。随着大数据技术的日渐成熟,基于数据的人工智能技术将会推进多种新型服务蓬勃发展,不断地催生新应用和新业态,为人类社会生态带来巨大变革。

2016 年 3 月,在全世界的关注下,谷歌旗下的围棋人工智能 AlphaGo 战胜了韩国著名棋手李世石。计算机在这个难以战胜人类的领域取得了胜利,代表着人工智能技术的再一次飞跃。尽管这只是一次棋类比赛,但飞速进步的 AI 技术,却让大众看到了一个新时代的到来。

追溯历史,AI 并不是新鲜的概念。在 1956 年达特茅斯会议上,AI 首次被提出,此后伴随着计算机技术的发展,AI 也经历了三次热潮。如图 9-1 所示,20 世纪 40 年代,人工智能尚处于萌芽期。20 世纪 50 年代末,罗森布拉特发明了感知器,它是一种单层神经网络,对生物神经细胞进行简单的抽象化。尽管结构简单,但是这种感知器已经能够识别出现较多次的字母,并能对不同书写方式的字母图像进行概括和归纳。但是,由于本身的局限,感知器只能识别那些包含在训练集里的图像,不能对受干扰(半遮蔽、不同大小、平移、旋转)的字母图像进行可靠的识别。虽然最初被认为有着良好的发展潜能,但感知器最终被证明不能处理诸多的模式识别问题,比如感知器模型不能解决简单的异或(XOR)等线性不可分问题。这种局限性使人们对于感知器的应用前景产生了误解,再加上当时计算能力有限和机器翻译上的失败,造成了人工神经领域发展的长年停滞及低潮。

20 世纪 80 年代,霍普菲尔德神经网络(Hopfield neural network)

作为一种循环神经网络,由约翰·霍普菲尔德发明出来,其可以实现局部极小收敛。之后,反向传播(Back Propagation,BP)算法采用了多层神经网络,并将神经网络学习过程设计为信号的正向传播与误差的反向传播两个部分。BP 的出现使大规模的神经网络训练成为可能,并使人们逐渐意识到之前感知器模型不能解决的线性不可分问题可以被多层神经网络解决,由此人工智能迎来了第二次高潮。

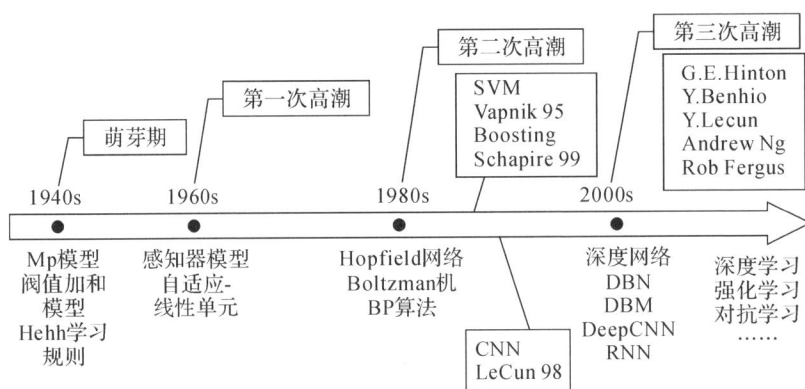

图 9-1　人工智能发展的三次浪潮

　　而如今的人工智能的第三次高潮,主要源于最近几年大数据和深度学习算法的突破及计算机运算能力的显著提升。之前人工智能的发展强调数学逻辑和推理能力,通过分析人类认知系统或者人脑神经元所具备的机能,然后利用计算机来模拟这些功能。而新浪潮下的人工智能则通过大量数据分析和自动学习来实现智能化水平。2006 年,欣顿(Hinton)在《科学》(*Science*)杂志上发文,提出了深度学习的概念,并指出可以通过神经网络减少数据的维度。① 在海量数据的基础上,深度学习算法可以有效地运用在语音和视觉识别上。深层学习算法是机器

---

① Hinton G E,Salakhutdinov R R. Reducing the dimensionality of data with neural networks[J]. Science,2006,313(5786):504－507.

学习算法的一个子集,其目的是发现多层分布式表示。近年来,人们提出了许多深度学习算法来解决传统的人工智能问题。[①] 2014 年 6 月,一个计算机程序首次成功通过了图灵测试,让人类相信它是一个 13 岁的男孩,预示着人工智能进入全新的时代。

2012 年左右,深度神经网络在大量数据的训练下,将人脸识别准确率从 50%～60%提升到了 80%以上,并在后来进一步提升到 95%以上的商业可用水平,推动了人脸识别全面商用,也使马云选择在 2015 年 CeBIT 展会开幕式上演示刷脸支付。此后,受人脸识别的启发,越来越多的行业开始引入深度学习技术,很多应用场景取得了不错的效果。自然语言理解、知识图谱等各种相关 AI 技术也随之快速发展。

风口之上,人工智能正在深刻变革着各行各业。产业结构、城市形态、生活方式和科技格局都因此改变。尤其是过去几年,随着大数据的发展和各行业"互联网＋"的深入,以数据为基础的 AI 将各个行业快速带入智能化,如智慧城市、智慧物流、智能金融、智能家居、智能制造等。比如,在治安领域,AI 人像识别系统已成为各地公安机关抓捕逃犯的重要手段;在医疗领域,AI 识别医疗影像诊断的正确率已经达到很高的水平;在新闻媒体领域,南方都市报等多家媒体都已经开始用 AI 写新闻;在电子商务领域,阿里的 AI 鲁班系统在"双 11"制作了上亿张海报,AI 实时语音转文字更是成了各大科技公司的标配;基于 AI 技术的 Amazon Go 无人零售店,带动了新零售无人店的风潮。

基于大数据的人工智能技术为 B2B 电商的智能交易发展提供了强大的技术支持。"智联天下生意"是 B2B 电商的终极目标,当"电子商

[①] 　Guo Y,Liu Y,Oerlemans A,et al. Deep learning for visual understanding: A review[J]. Neurocomputing,2016,187(C):27－48.

务"迎来智能时代,技术将催生新增长拐点的关键助推力量。市场调研机构 Gartner 认为,未来 10 年,人工智能将成为最具颠覆性的技术,图像识别、自然语言处理、智能推荐引擎、智能数字挖掘销售分析、虚拟个人助理技术等已经脱离稚嫩期,走向成熟。在人工智能的赋能下,"智能交易"的采购场景将会带给人们更多惊喜。采购商再也不会苦苦搜寻却找不到需要的商品了,智能交易系统可以自动推送最优化的货品需求及准确的数量;中小企业的短期融资可以凭借以往良好的信用一键贷款到账;智能终端可以观测分析店铺陈列,将顾客试穿频度最高的服装款式反馈到数据平台,智能化地辅助设计师进行创作。

这就是我们所设想的由大数据、人工智能等先进科技打造出的智能化商业交易。未来的智能化商业交易生态将使全球交易更简单,帮助遍布世界各地的客户降低交易成本、物流成本、金融成本。在交易生态圈中,需求发现、需求聚集、产能配置、金融配套、物流分发、服务众包等可以完全智能化地组织。这样一来,B2B 平台的服务内容就不只停留在信息展示和双方交易的阶段,而是更进一步,为贸易双方提供更加专业化、个性化的服务内容,依托大数据和人工智能技术的精准化导向,助力更多的新型服务模式涌现,从而推动 B2B 平台服务模式更加成熟,推动产业经济更加高效。

人工智能助力 B2B 平台交易服务升级

无论是刷脸登录、支付还是线下无人超市,无论是商品个性化推荐还是自动化营销,人工智能已经广泛渗透到零售领域。由于 B2B 平台上产品的非标准性及价格、库存等因素的波动性,过去严重依赖熟人圈子的信息流转与线下撮合,人工智能在 B2B 交易撮合、智能定价、库存管理、自动化订单等方面有巨大的潜力。

人工智能也将成为加速企业创新的利器,革新企业的运营服务模式,推动 B2B 向精准化的方向发展。B2B 平台可以利用海量数据去挖掘用户的需求点,为用户提供个性化、精准化和智能化的增值服务,提高服务效率。不仅如此,它还可以通过对大数据的挖掘、分析,开发新的产品、服务来增加客户黏性,降低运营成本。

当 B2B 平台已经掌握了海量交易数据,如何深度挖掘以建立行业、企业交易模型,摸清买卖双方的浏览、下单习惯,并将内部数据与经济运行数据、产业数据等外部数据相结合,从而为商家提供产品定价、库存补充、产品促销等方面的决策信息,都是人工智能大有可为的地方。

需求预测与成本控制

目前,中国的 B2B 电商处于同质化竞争的阶段,商家的黏性普遍都很低,商家信息往往在多个平台进行投放,但效果却不如人意。交易过程中,平台无法提供信息、撮合之外的更多价值,所以很难提供让商户真正实现平滑交易,产生对平台的依赖性。

而"更聪明""更懂人心"的 B2B 平台显然会更受到企业的青睐。通过企业的历史交易和行为数据的知识计算,系统会主动学习企业的兴趣特征、销售行为轨迹等,建立企业客户画像,实现精准的需求匹配,相当于每一位客户都有了一位专属的"AI 智能管家"。当用户由被动搜索、被动撮合变为以更精准的方式获得销售线索,当用户每天登录平台查看最新的个性化推荐资讯,意味着低频的 B2B 平台变成了高频、高黏性的交易平台。

如图 9-2 所示,人工智能还可以将外部数据(天气、运输延迟、媒体报道与竞争者价格变化)与内部数据(促销和新产品发布)相结合来进行精准的需求预测。随着大数据背景下市场需求的逐渐透明化,利用人工智能可以实时控制库存容量,帮助商家优化运输与储藏成本,减少产品损坏,降低销售损失。

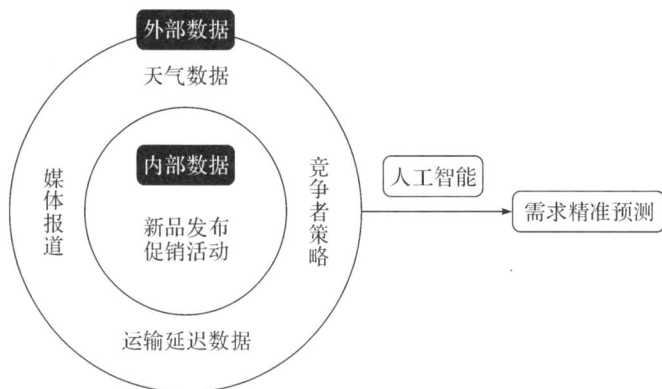

图 9-2　利用人工智能实现精准的需求预测

目前,一些为 B2B 平台提供客户画像分析、销售线索跟踪、客户管理并由此进行精准营销的公司不断涌现。它们对于 B2B 平台服务形成了很好的外部补充。B2B 平台可以将这些服务商引入生态之内,为商家提供更高效的服务。

智能撮合

和 B2C 相比,由于时间、地点、交割方式、付款方式、储运方式的不同导致了价格的差异,B2B 产品价格的实时波动性很大,再加上因为交易金额巨大,信任风险激增,传统的 B2B 交易更多是在区域性的熟人圈子里完成。

即使在 B2B 1.0"黄页时代",客户已经开始以线上沟通的方式来"升级换代",交易环节依然是以熟人交易为主。而一些 B2B 2.0 平台在起步阶段也只不过是让交易员"潜伏"在 QQ 群里,帮买家卖家之间做撮合并整理零碎的供需信息。这也使 B2B 2.0 平台依然呈现出明显的区域性分布,并未打破地域和关系的圈层。

随着企业的交易数据、物流数据、用户数据的增长,需要对数据进行有效的存储和管理。到目前,人工智能技术已经被应用在大数据的搜索匹配上,以满足智能化的搜索需求。[①] 根据市场研究机构 Forrester 预测,到 2020 年,将有 100 万名 B2B 领域的销售人员被自助电子商务服务所取代。也就是说,将会有 20% 的 B2B 销售从业者面临被 AI 取代的风险。AI 自动化营销系统,可以解决企业询单量少、人力成本高、信息编辑不专业、数据无分析利用等难题。不仅如此,由于 B2B 交易决策周期普遍较长,不能快速成单的意向客户通常会被企业商务放弃。如果系统可以智能地对客户的生命周期阶段进行划分,运用营销自动化,对每个人的兴趣偏好进行标签识别,在自动化工作流当中不断进行针对性沟通,将有助于缩短决策周期与复购周期。

目前无论是在商用 SaaS 领域还是金融服务领域,有越来越多利用人工智能和大数据进行智能撮合的公司涌现出来。实时大数据技术和机器学习可以将历史匹配记录和实时信息结合起来分析,动态调整匹配规则和方法,提升匹配的实时性和成功率,也提高匹配效果和用户体验。

---

① Gani A,Siddiqa A,Shamshirband S,et al. A survey on indexing techniques for big data:taxonomy and performance evaluation[J]. Knowledge & Information Systems,2016,46(2):241-284.

机器人助手

2017 年"双 11"期间,一个叫作"鲁班"的"设计师"出尽了风头,它拥有每秒做 8000 张海报的超快作业速度,负责处理海量的工作任务。而运用谷歌的 AlphaGo 背后的深度神经网络,一些创业公司也正在解放"人力密集型"的电商营销行业。2018 年,谷歌开发者大会演示了谷歌助手给人类打电话的视频,人工智能助手现场展示了以"人"的身份和对方进行无障碍通话。谷歌助手的成功预示着 AI 客服时代的全面到来。

设计智能聊天机器人的重要技术支持是知识图谱(Knowledge Graph)。知识图谱于 2012 年由谷歌提出并成功应用于搜索引擎,属于人工智能的重要研究领域。基于知识的问答系统将知识图谱看成一个大规模知识库,通过理解将用户的问题转化为对知识图谱的查询,直接得到用户关心的问题的答案。根据中国中文信息学会在《2018 年知识图谱发展报告》中给出的定义,知识图谱"以结构化的形式描述客观世界中概念、实体及其关系,将互联网的信息表达成更接近人类认知世界的形式,提供了一种更好地组织、管理和理解互联网海量信息的能力"。

知识图谱最先应用于搜索引擎领域,在学术界和工业界掀起了一股热潮。随着人工智能的兴起,知识图谱被广泛应用于聊天机器人和问答系统中,用于辅助深度理解人类的语言和支持推理(见图 9-3)。

知识图谱问答系统不同于搜索引擎,返回的不再是基于关键词匹配的相关文档排序,而是精准的自然语言形式的答案。华盛顿大学图

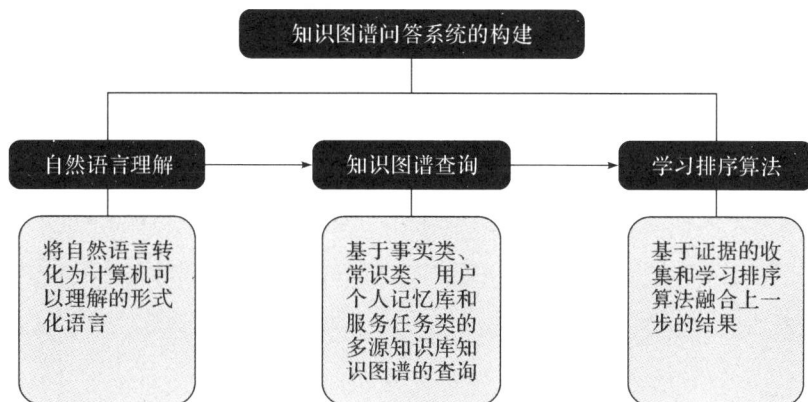

图 9-3　知识图谱问答系统的搭建

灵中心主任 Etzioni 教授 2011 年曾在《自然》(*Nature*)杂志上发表文章 *Search Needs a Shake-Up*,其中明确指出:"以直接而准确的方式回答用户自然语言提问的自动问答系统将构成下一代搜索引擎的基本形态。"[①]因此,问答系统被看作未来信息服务的颠覆性技术之一,被认为是机器具备语言理解能力的主要验证手段之一。

随着机器学习技术的不断发展,AI 客服的"智商"不断提高,已经出现了不仅能解答客户疑问,更能进行电话销售的机器人,它们不仅懂业务、会主动推销产品,还能够分析客户意向,主动学习,自我进化。这样的机器人助手将使 B2B 平台的服务效率得到质的提升。

化塑汇:智能推荐引擎协同作业

卓尔智联旗下的化塑汇作为中国化工塑料垂直领域的 B2B 龙头企业,在人工智能协同引擎开发方面处于行业领先地位。其智能系统可

---

① Etzioni O. Search needs a shake-up[J]. Nature,2011,476(7358):25.

以完成原始数据的提取、整理、分析与协同作业。主要内容包含基础数据处理、客户行为数据提取分析、智能推荐引擎、协同作业等部分。主要功能包括：

（1）数据提取引擎，能自动识别众多的数据源，并根据不同的数据源完成所有数据的合理提取工作，包含 App、微信公众号、数据接口、资源库、网站等，全自动获取客户的不规范报价数据，再采用大数据分析，智能化完成供需匹配。

（2）智能推荐引擎是建立在对每一个客户的信息和行为深刻了解的基础之上，基于各类数据源完成大数据分析，为客户提供个性化的智能推荐。

（3）协同作业主要是多部门协同完成推荐引擎推荐的相关信息后的后续处理准备，包含交易洽谈、合同细节准备、运输资源的准备等一系列的工作流。

随着智能协同引擎的上线运营，平台可以通过智能引擎的应用，逐渐减少人员的操作环节，规避人工操作所带来的交易风险。

人工智能提升 B2B 供应链金融的服务保障

目前国内 B2B 电商平台建立起了供需双方企业的稳定供应链交易场景，把生产上下游供需的企业联系在一起。交易数据是 B2B 电商平台专有的优势，解决了传统金融机构数据不完善、线上风控额度低、线下风控反馈慢的问题。供应链金融融资模式可以理解为银行将供应链上的相关企业视为一个整体，并通过供应链内部贸易关系的考虑来为供应链中的某个企业提供融资服务。[①]

　　数据是供应链金融发展的核心,供应链金融业务的开展关键就是依靠过往的历史交易数据和现行运转的数据进行分析,构建交易模型和风控模型,以实时管理交易的每个环节,实现自动化、信息化授信。[②]在海量交易数据的基础之上,基于数据挖掘与人工智能的结合,可以让B2B平台在企业征信、风险评估控制方面具有独到的优势,主要体现在大数据风控、智能征信和个性化供应链金融服务等几个方面,人工智能可以使这些环节的效率显著提升。

大数据风控

　　大数据风控基于互联网大数据,将数据挖掘、机器学习等大数据建模方法运用到贷前信用评审、反欺诈等风控管理环节。在供应链风险管理上,基于大数据的人工智能已经作为重要的技术手段,用以提高原有风险管理的效率和性能。[③]

　　相较于传统风控模型,大数据风控处理的数据更多,维度更多。其关注的是行为数据,而不仅仅是历史财务数据。更重要的是,大数据风控模型的建立是不断迭代和动态调整的结果。

　　伴随着大数据技术和人工智能的发展,实时防控欺诈行为具备了

---

　　①　徐鹏杰,吴盛汉.基于"互联网＋"背景的供应链金融模式创新与发展研究[J].经济体制改革,2018(5):133－138.

　　②　谷玉红.供应链金融对商贸流通业发展的作用分析——以物流业为例[J/OL].商业经济研究,2018(20):155－157.

　　③　Hamdi F,Ghorbel A,Masmoudi F,et al. Optimization of a supply portfolio in the context of supply chain risk management:literature review[J]. Journal of Intelligent Manufacturing,2018,16(5):1－26.

一定的可行性。大数据平台为企业提供了基于海量数据的分析能力、非结构化日志数据的检索能力、引入第三方数据的服务能力。进行交易反欺诈需要做好两方面的准备工作：一是分析客户的基本情况和消费历史，摸清客户的用卡习惯；二是补全客户平台外的信息维度，实现平台内外数据的整合。此外，利用 AI 模型非监督学习算法可以提高数据集的利用效率，帮助金融服务公司在为客户提供优质的互联网金融服务的同时，有效地控制网络欺诈和风险，大幅降低企业的运维成本，从而提高金融企业的核心竞争力。传统的反欺诈模型采用的是监督类算法模型，处理问题存在单一性和局限性，无法应对诈骗手段和方法日新月异的变化。为了能够获取更可靠的分析结果，就必须持续进行系统功能模块的添加调整、工作流程的变化和参数的修正。

大数据风控的手段除了应用于反欺诈模型，还有重要的一点是建立大数据的征信体系。传统模式下征信数据所做出的授信决策存在单一、不准确、更新频次慢等问题。依托大数据技术，对企业的授信可通过模型结合动态数据源脱敏处理、行业数据、外源数据，进行行情分析、价格波动分析，实现实时监控的分级预警、量化授信，精准把控风险。

大数据和人工智能技术的应用为商业银行风控工作带来了更加全面的数据资源、更加有效的手段方法和更加高效的处理能力。例如，武汉众邦银行利用大数据技术在风险控制上取得了很好的效果。众邦银行利用卓尔智联平台对线上线下交易、仓储、物流等供应链全闭环的控制，利用大数据技术将风控手段依托于真实的交易背景。例如卓尔棉业旗下华棉所电商交易平台深耕于棉花及相关垂直领域，对行业发展有着丰富的积累。众邦银行与平台充分交流对接，通过透彻了解棉花产业链企业的交易模式、交易对手选择方式等众多产业链运作信息，利用科学的算法将其提炼成相应指标加入银行风控模型,以算法精准分析企业的真实融资需求与履约能力,实现风险的良好控制。

智能征信

传统模式下征信主要基于静态的财报数据更新,易造假、可参考性差。而大数据和人工智能的结合让征信迈入了"智能征信"时代,依靠实时动态、多维度的财务数据,通过订单、库存、结算等明细交易记录进行交叉验证,获得企业最真实的经营状态,提高征信服务质量,降低信息不对称。

利用大数据,可以对客户财务数据、生产数据、订单数量、现金流量、资产负债、产品周期、安全库存、销售分配等进行全方位的分析,信息透明化,能客观反映企业状况,从而提高资信评估和放贷速度。

智能征信依托大数据、云计算等方式,在数据采集上更加方便、快捷,反应更加灵敏,对主体的评价更加准确有效。智能征信能够为被征信对象刻画出"全息"画像,从而使供应链金融服务覆盖产业链上更多的企业。

智能征信的信用数据来源可以是多渠道的,除了企业在 B2B 平台的历史交易数据,还可以借助一些规模化的互联网征信平台。当前,已出现较有规模的互联网征信平台:一是中国人民银行征信中心控股、上海资信有限公司开发的"网络金融信息共享系统"(NFCS),截至 2019 年 4 月,NFCS 累计签约机构 1332 家,共收录自然人 7959 万、企业和其他组织 2333 万;二是北京安融惠众征信有限公司创建的"小额信贷行业信用信息共享服务平台"(MSP),它为 P2P、小贷公司、担保公司提供行业信息共享服务。截至 2019 年 2 月底,该平台累计会员机构数量达

2714 家。三是国富泰的数字普惠金融信用信息共享平台(IFBCP),其致力于整合数字普惠金融企业的信息资源,目标是为中小微企业提供金融信息查询、不良信息披露及共享服务,并为投资数字普惠金融产品的投资人提供信息交互平台。[①]

除了广泛地收集、整理企业的数据之外,还需要运用分析模型和信用评分等技术,形成结论可靠的征信报告。从技术水平的迭代更新看,征信机构可以充分依托大数据、云计算、区块链和机器学习等创新技术手段,推动传统征信模型的转型升级,带来全新的信息处理方式,使信用评分的模型层次更为多样、效率更高,信用评分的结果更为精准和有前瞻性。[②]

个性化供应链金融服务

每个行业都有自身的行业属性和特点,不同产业链上的企业具有迥异且多样化的金融服务需求特征。因此,各供应链金融参与主体需要根据不同行业、不同企业的具体需求来为其量身定做金融服务,提供更加灵活和个性化的供应链融资产品。

从技术方面看,大数据、云计算和人工智能的有机结合将有助于打造以用户体验为核心的供应链金融服务体系。个性化的供应链金融服务不能被简单地理解为金融平台为特定用户量身定做的供应链金融产品和服务,而是要考虑基于金融服务风控的角度来体现个性化之特征

---

① 袁海瑛.大数据背景下的互联网融资信用评价体系构建[J].上海经济研究,2017(12):66—72.

② 吴飞虹.大数据在我国征信和支付领域中的应用[J].国际金融,2018(9):38—44.

和理念。即供应链金融服务的个性化是基于个性化用户的风险偏好、风险可承载能力等,为用户设定个性化风险政策、风险缓释策略,它是为用户提供个性化的供应链金融产品和服务组合的基础。

同时,构建这些个性化的供应链金融产品与服务组合的基础金融产品和服务,可以由标准化的金融产品和服务组合而成,既保证了为用户提供的供应链金融服务是切合用户风控诉求的个性化金融服务,又保证了为用户提供的个性化的金融服务的基础金融资产和服务是标准化的,使智能的供应链金融服务体系为用户提供的金融服务能与用户不断变化的风险敏感性等实现实时动态匹配。

化塑汇的供应链金融新模式可以作为参考。化工电商市场容量巨大,为了扩大上下游业务,降低全链条的运营成本,就需要解决平台上企业的资金周转问题。化塑汇以用户资源和交易数据为基础,通过新型数据分析,挖掘出更多用户价值信息并运用到供应链中,针对平台上各个企业的具体情况,为其提供配套的供应链金融服务。平台支持小额、短期、高频业务,用户可以在线完成申请流程,实现小额实时到账,大额(T+1)天到账。

人工智能推动 B2B 物流的智能协同

相比于交易平台和供应链金融,大数据与人工智能在 B2B 物流中的应用具有更广阔的想象空间。在无人驾驶运输、智能仓储分拣及智能供应链的打造上,大数据和人工智能带来了新的技术支持。

2017 年,一则机器人自动分拣的视频火遍网络:在申通的一个分拣中心内,数十个带托盘的圆形橙色机器人来回快速穿梭,职工把包裹交给机器人,机器人有条不紊地把这些包裹运送到仓库楼层正确的传送滑道上,整个自动化分拣过程犹如一部科幻大片。视频中还介绍,这些机器人自动充电,每天可以分拣 20 万个包裹,比人工分拣更准确。

这样的科技场景,近两年持续地登上各大媒体、网站的头条,不断刷新着人们对物流科技的认知。智能化的物流的内涵还远不止如此,国内外的物流科技公司顺丰、UPS、DHL 等已经开始逐步投入全自动无人仓、无人快递车、送货无人机、无人卡车等技术并取得了一些突破性的实践运用成果,让人们一次次见识到科技的发展带给物流行业的变革。就企业而言,通过运用大数据和人工智能搭建智能化的无人仓储管理系统,可以显著提高仓储中心的生产力。

这些物流新技术的诞生与应用,源自人工智能技术的快速发展。近几年来,图像识别、自动驾驶等技术在深度学习技术的支持下,发展非常迅速,各种无人车已经上路测试,自动引导小车 AGV 在很多仓库应用,无人机快递也在一些地区投入运营,基于人工智能技术的机器人和车辆,将物流行业快速带向自动化和无人化的时代。

中国工程院院士陈湘生表示,目前不少国家相继开展了空间物流相关科学研究,以解决城市交通、安全、用地、成本效率等问题。基于智慧城市的物联网、大数据和大数据挖掘、未来基础设施的统一规划、统一设计、同步或分步实施,自动物流系统将给人类带来一种全新的工作与生活方式。大数据和人工智能技术将推动 B2B 物流走向智能协同,无人驾驶技术将会实现物流智能运输和智能的路线规划,在智能机器人和分拣系统的辅助下,仓储管理效率将大大提高。随着供应链各环节的联系日益紧密,运用人工智能技术将有助于打造价值重构、数据融合、精准连接的智能供应链,实现对整个产业链的智能管理。

智能运输规划

B2B 物流的运输方式多样化,从汽车、火车到飞机、船舶,各种运输方式应有尽有。物流运营商为了提高效率和持续发展的目标,一直竭尽全力追求自动化等技术进步。[①] 随着 AI 的应用,各种无人运输工具已经开始投入应用,今后在物流的每个环节,都将逐步实现自动化和无人化。

很多物流公司正在重点发展载重为 1～5 吨的固定翼无人机。2017 年,顺丰测试了自己的大型无人机,载重 1.2 吨,航程 3000 千米,升限 6000 米。创业公司帆美航空也在研发载重 1.5 吨、航程 1000 千米的大型无人机。在无人机产业中,通过"干线级""支线级""末端级"三级智能物流体系的构建,将全面推进无人机在 B2B 产业当中的应用。目前"末端级"物流无人机配送产业化进程加快,"支线级"物流无人机将成为全球竞争的焦点。无人机的三级智能物流体系构建将有利于促进 B2B 行业运输的发展,提升物流运输效率和适应性(见图 9-4)。

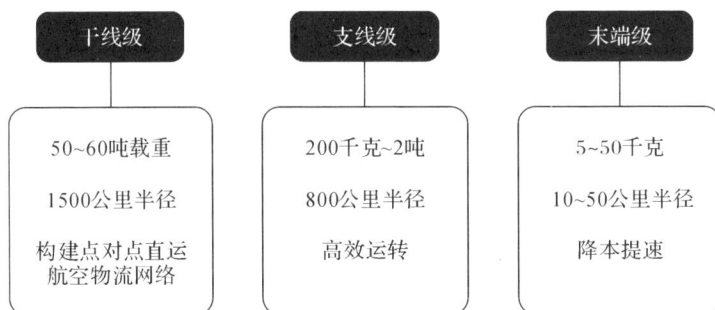

干线级	支线级	末端级
50~60吨载重	200千克~2吨	5~50千克
1500公里半径	800公里半径	10~50公里半径
构建点对点直运航空物流网络	高效运转	降本提速

图 9-4　三级智能物流体系成为物流无人机产业发展方向

① Klumpp M. Automation and artificial intelligence in business logistics systems:human reactions and collaboration requirements[J]. International Journal of Logistics,2017(1).

无人机应用于 B2B 的运输中有以下几个市场优势:(1)打破道路的限制,相较于传统的车辆配送,无人机没有运输路线局限性;(2)运营成本较低,节省人力和时间成本;(3)效率高,速度快,为客户提供更高时效的配送服务;(4)助力产业转型,以无人机为代表的"智慧物流"将助力物流产业转型升级。

无人机不仅解决了物流的效率和成本的问题,还给解决物流"最后 1 千米"的问题带了新的思路。2018 年 7 月 4 日,百度 AI 开发者大会基于阿波罗(Apollo)平台第 100 辆搭载 Level 4 自动驾驶技术的量产型巴士"阿波龙"正式下线。无人物流运输的网络开始从空中延伸到陆地,解决从长至 1000 千米的距离,到短至最后 1 千米的需求。

在未来的运输行业中,我们需要高度集成化、可协调化的运输网络。以往我们通过导航软件的路线规划可以避开拥堵路段,但无人物流车和无人机则需要处于更加高效的协同网络,使整体的运输效率及安全性得到大幅度的提升;并且由于没有了驾驶员,物流人力成本也大幅度下降,只需要少量维护的人员。另外,无人车和无人机可以 24 小时不间断地工作,使物流的时间几乎覆盖了全天,大幅度提升了运载量。

从长期来看,无人机物流运输工具的经济效益及安全效益远远高于传统的人力运输。在一些特殊环境,比如偏远的山村地区等交通极为不发达的地方,由于人口分布较广、物流密度低,由快递员运输物品是极为不方便且性价比低的一件事情,而无人机的自动化运输可以很好地解决这个问题。

相比于技术难度高、还处于测试阶段的完全无人驾驶,用 AI 辅助司机驾驶则更加切实可行。在 B2B 运输过程中,司机有时候还承担着交接单据等工作,不能完全被替代。所以用 AI 辅助司机是更容易落地的应用方式,且目前已经开始了实际应用。在驾驶过程中,AI 可以应用于碰撞防护、疲劳监控、智能定速巡航等,可以减轻司机的负担,降低车辆在行进过程中的事故率。不论是从员工关怀还是降低事故率的角度,AI 辅助驾驶都对物流企业都有着积极的意义。

除了用 AI 辅助驾驶减轻司机负担,保障驾驶安全,在货物运输过程中,货物的视频监控,也是 AI 的应用场景。通过图像识别,可以监控货物在运输过程中不被盗损,IBM 就将这一技术用在了货运列车上。IBM Watson 将照相机沿火车轨道安装,对经过的火车车厢的图像进行识别,成功实现了对货物损坏情况的识别和分类,并据此采取适当措施进行修复。

人工智能在运输中的另一个重要的应用场景在于智能、高效的运输路线规划。例如,阿里巴巴通过其物流子公司菜鸟网络,利用 AI 规划最高效的运输路线。阿里巴巴称,智能物流能够减少 10% 的车辆使用,并使运输距离缩短了 30%。苏宁大数据运输路线优化项目已于 2017 年年初正式投产,上线后运用大数据算法优化现有的运输路线,使每条线路平均成本降幅达 5.78%,整体运营时效提升了 9.27%。根据现有经验,在运输路线规划中需要更加强大的调度引擎,更广泛地使用深度学习技术。另外,在运输调度软件平台中使用语音识别和自然语言处理,可以帮助运输人员更加简单、全面、清晰地完成对货物的描述。

智能仓储管理

通过大数据和人工智能,可以实现系统自动预测、补货、下单、入仓和上架。仓储物流的自动化提升了物流仓储这一电商最重要的环节的运营效率,优化了成本,进而创造出了更大的利润空间。作为 B2B 的重要组成部分,仓储业务在决定公司销售业务方面发挥着重要作用。不少企业采用机器人来推动包裹分拣、包装和分类等仓储流程,提高了分拣的速度和效率,将产品的交付时间大大提前。

智能仓储的主要特征之一是自动化和无人化,重复性的劳动将全由智能机器人来操作。从收到货物到上货架、整理货物、盘点库存、商品出库、货物打包及送货车辆调度,全程都可以由智能机器人完成。智能机器人代替了人工劳动来完成机械、繁杂的工作,把人从其中解放了出来。因此,智能机器人节省了大量的劳动力,节约了人工成本。据中国物流与采购联合会的数据显示,2017 年国内物流企业中理货员、装卸工、司机、收派员等蓝领工种占到行业总人数的 60%~70%,接单、调度、统计、客服等简单工作的白领工种占到了 20%~30%。这些人力工作在未来都有可能逐渐被 AI 取代。

在仓储分拣上,利用智能化的分拣系统可以充分提高效率,降低人为错误率和人力成本。以国内百世快递为例,其自主研发的风暴自动分拣系统,分拣效能提升了 3 倍,分拣准确率达 99.9%,远高于人工作业。每个环节几倍效率的提升,整个流程的共同作用将带来整个物流环节指数级的效率提升。再如,杭州邮政邮件处理中心在 2017 年正式投产运行的智能机器人分拣系统,其分拣效率已接近 2 万件/小时,日处理量达 30 万件。和传统的自动化设备相比,该系统自动化程度更高,分拣效率提升了 100%,配备人员减少了近一半,落格正确率达 100%。原先的分拣系统只有一条运输轨道,收纳格口距离近,邮件投递错误率高,需要人工核查。而现在,20 个智能机器人可同时发车运输,提高了工作效率,降低了错误率及人力成本。

智慧供应链

在智能制造环境下,打造智慧、高效的供应链,是制造企业在市场竞争中获得优势的关键。智慧供应链的创新发展,将从根本上改变现代企业的运作方式,推动整个制造业发生重构与迭代,推动产业效率实现质的提升。

在智能制造时代,相较于传统供应链,智慧供应链具有更多的市场要素、技术要素和服务要素。首先,智慧供应链更侧重全局性,强调与客户及供应商的信息分享和协同,真正实现通过需求感知形成需求计划,并提升全供应链的绩效。其次,智能供应链更加看重提升客户服务满意度的精准性和有效性,促进产品和服务的迭代升级。最后,智能供应链重视基于全价值链的精益制造,以制造企业为切入点的平台功能,涉及产品生命周期、市场、供应商、流程、信息等多方面要素。①

随着智能制造和信息技术的发展,供应链已进入与物联网深度融合的智能供应链新阶段,将会从根本上改变制造企业的运作方式,推动整个制造业发生重构与迭代。在传统供应链中,相互割裂的信息流和资金流已被互联网技术重新连接起来,为现代供应链管理奠定了基础。近年来,随着新一代互联网技术的广泛采用,尤其是人工智能、工业机器人、云计算等技术迅速发展,信息流、资金流和物流等"三流"得以高效连接,传统供应链发展到智能供应链新阶段。智能供应链与生产制造企业的生产系统相连接,通过供应链服务提供智能虚拟仓库和精准物流配送,生产企业可以专注于制造,不再需要实体仓库,这将从根本

---

① 张颖川.智能制造下的智慧供应链变革[J].物流技术与应用,2018,23(4):84-86.

上改变制造业的运作流程,提高管理和生产效率。

在智能制造大环境下,智慧供应链将实现高度的智能化。智慧供应链不局限于仓储分拣、干线运输、最后 1 千米等单一作业环节的自动化,而是大量应用机器人与自动化、RFID、MES、WMS 等智能化设备与软件,融入物联网技术、大数据技术、人工智能技术等,实现智能制造与智慧供应链的有效融合。

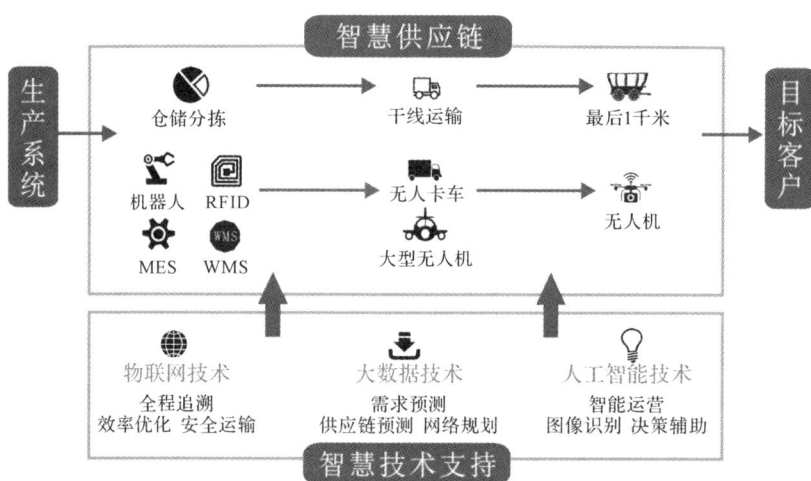

图 9-5 智能供应链的技术融合

智慧供应链将制造企业内外部的全部供应链流程智能地连接在一起,实现物流网络全透明实时控制的关键在于数字化。在数字化的基础上实现信息系统的互联互通,需要更多依托互联网、信息物理系统(Cyber-Physical Systems)、人工智能、大数据等技术,保证数据的安全性和准确性,使整个智能供应链正常运转。智能供应链最终会实现各物流资源的无缝连接,做到从原材料开始直到产品最终交付到客户的整个过程的智能化。智能制造的一个极为显著的特征就是"大规模定制",即由用户来决定生产什么、生产多少。客户需求高度个性化,产品创新周期持续缩短,生产节奏不断加快,这些是智能供应链必须迎接的挑战。因此,智慧供应链需要保证生产制造企业的高度柔性化生产,根据市场及消费者的个性化需求来灵活调节生产,提高效率,降低成本。

智慧供应链是能够将快消品在产品端、采集端、仓储端、配送端、人员端、资金端建立一套互通互联的体系。它融合了访销系统、仓库管理系统和 B2B 商城系统。智慧供应链实现了车辆智能调度、订单智能分配、配送路线智能优化等特点,能够帮助经销商大幅度降低经营成本,提升效率。智能化设备及自动化、机械化、大数据、智能应用也会推动整个供应链趋向高效和精准,技术的突破和创新会给供应链带来更智能化的改变。[①]

智慧供应链服务的核心,是以供应链与互联网、物联网的深度融合为产业路径,以万物连接和价值重构为核心理念,基于规模优势、专业优势、数据优势和创新优势,对商流、信息流、现金流和物流进行精准连接和优化管理,对供应链的价值点进行深度挖掘和重点布局,为产业链中的企业提供智能化整体解决方案。

亚马逊:全方位应用人工智能的"超级大脑"

成立于 1995 年的亚马逊(Amazon)公司是美国最大的网络电子商务公司,已成为全球商品品种最多的网上零售商和全球顶级的互联网企业。近年来,亚马逊不断加大科研投入,全面应用人工智能技术,在各方面取得了令人瞩目的成绩。

---

① 李文环.无界零售下智慧供应链创新[J].中国物流与采购,2017(24):93.

早在 2012 年,亚马逊斥资 7.75 亿美元收购了机器人制造商 Kiva Systems,大大提升了亚马逊的物流系统。据悉,至 2015 年亚马逊已经将机器人数量增至 10000 台,用于北美的各大运转中心。Kiva 系统作业效率要比传统的物流作业提升 2~4 倍,机器人每小时可跑约 48 千米,准确率达到 99.99%。Kiva 机器人作业颠覆了传统电商物流中心作业"人找货、人找货位"模式,通过作业计划调动机器人,实现"货找人、货位找人"的模式,整个物流中心库区无人化,各个库位在 Kiva 机器人驱动下自动排序到作业岗位(见图 9-6)。

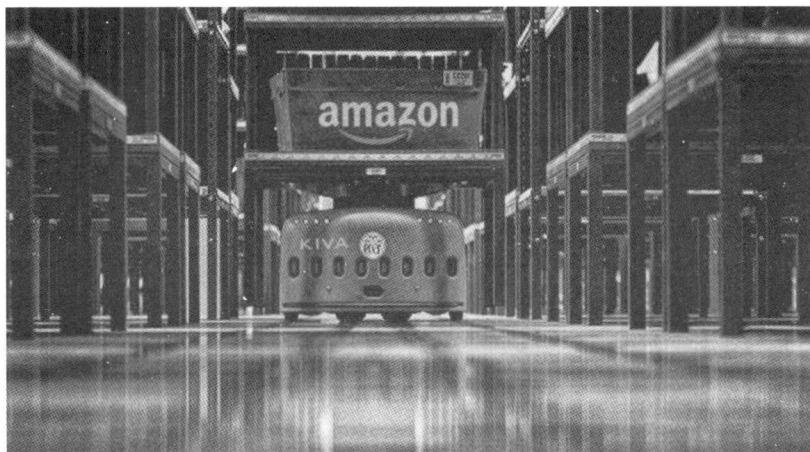

图 9-6　亚马逊 Kiva 智能作业机器人

亚马逊是第一个将大数据推广到电商物流平台运作的企业。电商端到端的服务可分为 5 大类,即浏览、购物、仓配、送货和客户服务等。

(1)用户浏览:亚马逊有一套基于大数据分析的技术来精准分析客户的需求。具体方法是:后台系统会记录客户的浏览历史,随之把顾客感兴趣的库存放在离他们最近的运营中心,这样方便客户下单。

(2)购物便捷下单:客户不管在世界的哪个角落,都可以快速下单,系统也可以很快知道他们喜欢的商品。

（3）仓储运营：大数据驱动的仓储订单运营非常高效，在中国亚马逊运营中心，最快可以在 30 分钟之内完成整个订单的处理，也就是下单之后 30 分钟内可以把订单处理完出库。从订单处理、快速拣选、快速包装到分拣等一切都由大数据驱动，且全程可视化。由于亚马逊后台系统的分析能力非常强大，因此能够实现快速分解和处理订单。

（4）配送：电商物流的快物流不是核心竞争力，真正高技术的电商物流服务，是精准的物流配送，亚马逊的物流体系会根据客户的具体需求时间进行科学配载，调整配送计划。

亚马逊的智能入库管理技术把大数据技术应用得淋漓尽致。在入库方面，采用独特的采购入库监控策略，亚马逊基于自己过去的经验和历史数据的收集，了解什么样的品类容易坏、坏在哪里，然后将其进行预包装。这都是在收货环节提供的增值服务。在商品测量方面，亚马逊的 CubiScan 仪器会测量新入库的中小体积商品的长、宽、高和体积，根据这些商品信息优化入库。例如鞋服类，百货，新的爆款商品，等等，都可以直接送过来通过 CubiScan 测量直接入库。这给供应商提供了很大的便捷性，供应商不需要自己测量新品，这样能够大大提升他的新品上架速度；同时有了这个尺寸之后，亚马逊数据库可以存储下这些数据，在全国范围内共享，这样其他库房就可以直接利用这些后台数据，把这些数据放到合适的货物里。收集这些信息有利于后续的优化、设计和区域规划。

大数据驱动的智能拣货和智能算法，为亚马逊的仓配中心装上了"超级大脑"。亚马逊仓配中心的后台有一套数据算法，它会给每个人随机地优化拣货路径，通过这种智能的计算和智能的推荐，可以把传统作业模式的拣货行走路径减少至少 60%。

亚马逊作为全球大云仓平台,智能分仓和智能调拨拥有其独特的技术。在亚马逊中国,全国 10 多个平行仓的调拨完全是在精准的供应链计划的驱动下进行的。通过独特的供应链智能大数据管理体系,亚马逊实现了智能分仓、就近备货和预测式调拨。该系统实现了智能化调拨库存,全国各个省市包括各大运营中心之间有干线的运输调配,以确保库存已经提前调拨到离客户最近的运营中心。智能化全国调拨运输网络支持平行仓运行,全国范围内只要有货就可以下单购买。

第十章

B2B 4.0：

重塑供应链与全球贸易

习近平主席在第二届"一带一路"国际合作高峰论坛开幕式上的主旨演讲中指出："共建'一带一路'为世界经济增长开辟了新空间，为国际贸易和投资搭建了新平台，为完善全球经济治理拓展了新实践，为增进各国民生福祉作出了新贡献，成为共同的机遇之路、繁荣之路。""我们要促进贸易和投资自由化便利化，旗帜鲜明反对保护主义，推动经济全球化朝着更加开放、包容、普惠、平衡、共赢的方向发展。"

区别于西方国家逆全球化的浪潮，由我国主导的新全球化进程朝纵深发展，"一带一路"沿线国家和地区间的产能合作和服务贸易合作已经展开。总的来看，服务贸易滞后于货物贸易及企业"走出去"进程，滞后于产能合作的实际需求；加上贸易自由化、便利化程度还比较低，导致"一带一路"沿线国家和地区贸易成本居高不下。这是B2B平台的机会与挑战。目前国家加大扶持力度，鼓励与"一带一路"的国家建立跨境B2B全程在线交易通道，特别是中国与俄罗斯、非洲等特定经济体之间开展试点。在国家外交及国际合作加深的大前提下，中国与特定经济体之间的绿色通关、电子单证传输、货物运输、外汇结算等跨境电子商务的绿色通道已经打开。国家还鼓励电商企业和物流企业、外贸综合服务企业、跨境电商综合服务平台企业形成跨国产业链和供应链发展格局。

在2018年首届"中国国际进口博览会"上，习近平主席提到，未来中国经济实现高质量发展将在更加开放的条件下进行，中国将坚定不移奉行互利共赢的开放战略，实行高水平的贸易和投资自由化便利化政策，推动形成陆海内外联动、东西双向互济的开放格局。中国将激发进口潜力，持续放宽市场准入，营造国际一流的营商环境，打造对外开放新高地，推动多边和双边合作深入发展。可以预见，未来我国的贸易格局将更加开放、自由、平等，未来中国与世界将有更多的良性互动，这对进出口贸易，对B2B跨境业务无疑是一项利好。

在这样的时代背景下,新技术的应用更像是在催生一场新的产业革命,参与其中的企业将同时面临着机会和挑战,也面临着转型升级的机会。B2B 4.0平台通过企业供应链的全面升级助力智能制造,通过建立信用体系为中小企业提供资金注入源头活水,从交易环节切入推导和辅助各行业完成数字化、自动化、智能化的产业升级,丰富、可信的大数据将影响并直接作用于生产端,便捷的贸易通道畅通链接国际市场融入全球价值链。新一代智能B2B平台,在助力我国产业转型与升级中有着可以预见的广阔前景。

B2B 4.0 与跨境贸易

在中国5000年的贸易史中,国际间贸易自始至终是至关重要的一环。从古老的丝绸之路,到后来的郑和下西洋,国际间贸易不仅促进了各国的物品交流,更是给人类文明史留下了不可磨灭的影响。进入19世纪,飞机、航轮、铁路等多种现代运输工具显著提升了国际物流的速度。1956年,集装箱的发明实现了海陆联运,革命性地改变了全球运输业,将国际贸易带入新阶段。进入21世纪,在经济全球化的大背景下,在互联网大潮的助推下,国内电商巨头纷纷布局跨境电商业务,传统外贸企业也集体向跨境电商转型,跨境电商平台得以迅速发展,成为促进国际贸易规模大幅上涨的重要推动力。

2012年,我国外贸进出口首次超过美国,成为世界进出口贸易规模最大的国家。近年来,跨境电商贸易增长更加迅猛,成为对外贸易中重要的贸易形式。2010年中国跨境电商交易规模(包括零售及B2B)仅为

1.3 万亿元,而 2018 年中国跨境电商整体交易规模达 9.1 万亿元,复合增长率高达 27.5%,占进出口贸易总额的 29.8%。根据国家统计局数据(见图 10-1),2018 年我国货物贸易进出口总值 30.51 万亿元,同比增长 9.7%。跨境电商交易额占比逐年上涨,已成为我国进出口贸易的重要组成部分。

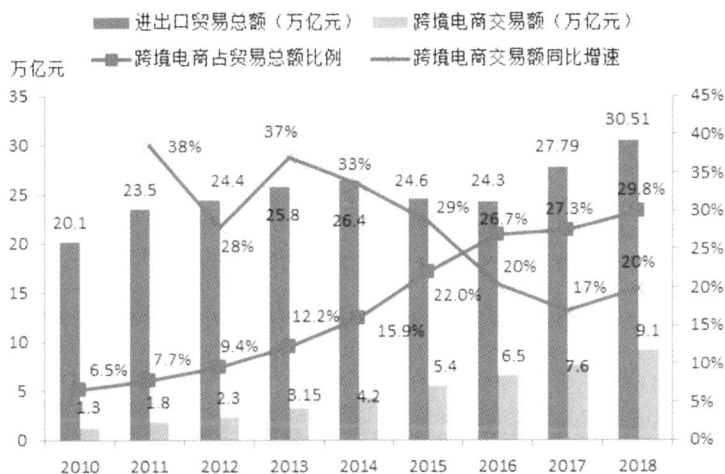

图 10-1　2010—2018 年中国进出口贸易与跨境电商规模

数据来源:国家统计局。

虽然目前国际经济贸易领域仍然存在一些不确定、不稳定的因素,但全球经济的复苏离不开贸易,贸易全球化的进程不会停滞。即使有以美国为首的一些西方国家开始发出逆全球化的声音,但随着"一带一路"倡议的提出,中国将引导新一轮包容、普惠、和平与发展的全球化,塑造海陆均衡和区域协调发展的世界经济版图。

作为中国经济重要动力之一的国际贸易,也将再一次迎来新的大发展机遇,成为推动中国经济发展的新引擎。与一般贸易方式受制于国际政治、政策壁垒等因素不同,4.0 时代的 B2B 通过技术的革新实现商品和生产要素的"无界流动"，为跨境贸易巧妙逾越现实和国界的鸿沟提供了可能。新一轮技术革命引发的 B2B4.0，将以交易的数据化、智能化推动贸易的便利化、全球化，重新定义世界贸易方式，使全球化不可阻挡地成为世界经济发展的主流趋势。

跨境贸易 B2B 的发展历程与瓶颈

据《"一带一路"跨境数字贸易（出口 B2B）发展报告》，近年来 B2B 跨境业务呈现爆发式增长，B2B 出口占我国出口总额比重为 8.9％。B2B 对全球贸易发挥着一定的重要作用。[①]

纵观历史，国际贸易 B2B 平台的发展历程也经历了三个阶段，从基础的信息对接到在线交易，再发展到如今的全产业链服务。

第一阶段：跨境信息服务。21 世纪初，跨境贸易平台充分利用互联网打破地域限制，为全球买卖双方提供信息及产品展示。

第二阶段：跨境撮合交易。随着互联网的发展，到 2010 年前后时，跨境电商已经开始介入交易，实现异国双方通关、支付、物流的电子化，极大地方便了跨境交易流程。

这个阶段的典型代表是阿里巴巴的速卖通。全球速卖通平台是阿里巴巴于 2009 年开始运营的国际贸易平台。平台主要卖家为阿里巴巴国际站上现有的中国供应商会员，买家则是国外的线上、线下零售商。速卖通大大简化了外贸的通关、结汇等环节。在速卖通做出口商，无须成立企业，无须在监管部门备案，无须出口报检，出口报关、进口报关全由物流方完成。买卖双方的订单生成、发货、收货、支付环节，全在

---

① "一带一路"跨境数字贸易（出口 B2B）发展报告[J].商业观察，2017(12)：87－89.

线上完成，卖家通过第三方物流迅速发货，买家通过银行卡进行交易支付，结算非常方便。由于速卖通业务的单笔订单成交金额少，包裹价值较低，达不到进口国海关的关税最低起征点，也就省去了关税，大大降低了购买成本。中国的供应商在速卖通可以像经营淘宝店一样，方便地进行商品的销售。

第三阶段：跨境贸易融合生态。2013 年 7 月，国务院促外贸"国六条"中，首次指出了"支持外贸综合服务企业为中小民营企业出口提供融资、通关、退税等服务"，由此开启了外贸综合服务行业的时代。此后，跨境贸易平台向综合服务平台发展，通过一站式平台为中小企业提供完整的金融、通关、退税等综合服务，极大提升了外贸流转效率、降低了交易成本。

卓尔智联旗下"卓贸通"是跨境贸易综合服务平台的典型。平台提供通关、国际物流、收汇、退税等一系列外贸进出口基础服务及进出口贷款融资、保险等增值服务。近期陆续上线的云报关、采购商数据库、海外仓等功能，增强了交易撮合及境外物流仓储服务能力，海外仓数量达到 60 家，分布于全球 20 个国家和地区。卓尔智联旗下汉口北国际商品交易中心，是中国市场采购贸易方式试点市场，在市场内即设有海关和检验检疫等贸易管理机构。卓贸通依托实体市场并与相关管理机构保持紧密协同，融合发展优势明显。

2014 年被阿里巴巴集团收购的一达通也颇具代表性。该平台主要面向长尾的中小企业，通过将大量的小单聚合成大单，一达通获得对物流公司的议价权，并集中办理通关和退税，提高了效率，同时降低了成本。通过积累企业数据，一达通建立了平台上企业的信用体系，为企业的贷款申请提供了有力支撑。被阿里巴巴收购后，一达通的服务能力与阿里巴巴国际站的交易平台打通，从而帮助后者实现了交易的全流程一站式服务。

随着 B2B 4.0 平台逐渐打通了数据、客户、物流、仓储、金融、供应链管理各个环节，未来跨境电子商务将迎来规模、体量的快速增长，贸易的全球化进程也必将加速推进。

根据商务部数据，2017 年我国跨境贸易平台（包括 B2C 和 B2B 平台）已经超过 5000 家，其中 B2B 商业交易处于绝对优势的地位。根据电子商务研究中心数据，2018 上半年中国跨境电商的交易中 B2B 交易占比达 84.6%。B2B 交易的商品种类丰富，既有批量的个人消费品，也有工业原材料等大宗商品。

跨境 B2B 拥有庞大的潜在市场规模，但因为交易涉及的流程繁杂，在支付、信用、物流等制约因素上没有大的突破，一直发展缓慢。制约 B2B 跨境电子商务持续发展的主要原因在于以下几点。

（1）跨境贸易环节多，结算成本高

传统外贸出口业务交易流程环节颇多，涉及的贸易周期也较长。在整个交易的过程中，交易双方在信息流、物流和资金流的对接中所产生的费用会大大增加商品的流通成本。比如以 L/C（信用证）结算方式为主的出口外贸流程为例，在整个外贸大环境里，关联的交涉单位就包括外贸双方各地银行、外汇管理局、出入证检验检疫局、船舶公司、保险公司、海关、国税局等等。[①] 在这种贸易大环境中，出口商和进口商要想进行货物的匹配交易完成，交易流程包括近 40 个环节。

首先，从出口商的商品推销到商品在海关处离港，中间就需要经过 20 个环节（见图 10-2）。

---

① 李海莲,陈荣红.跨境电子商务通关制度的国际比较及其完善路径研究[J].国际商务(对外经济贸易大学学报),2015(3):112－120.

1.出口商向进口商推销商品	14.出口商在保险公司取得保单	15.出口商在当地外汇管理局申领核销单
2.进口商向出口商询盘	13.出口商给船舶公司办理保险	16.出口商在当地海关进行核销单备案
3.出口商向进口商发盘	12.出口商取得检验证明和产地证	17.出口商将货物送达海关指定地点并报关
4.进口商与出口商签订合同	11.出口商向当地出入境检验检疫局申请检验检疫和产地证	18.海关向出口商办理通关手续
5.进口商向当地银行领取核销单	10.出口商指定出口商品所需的船舶公司和订舱	19.指定船舱将商品离港
6.进口商向当地银行申请开取信用证	9.出口商接收进口商信用证	20.出口商取回提单并向进口商发货运通知
7.进口国银行向出口商通知信用证	8.出口国银行向出口商通知信用证	

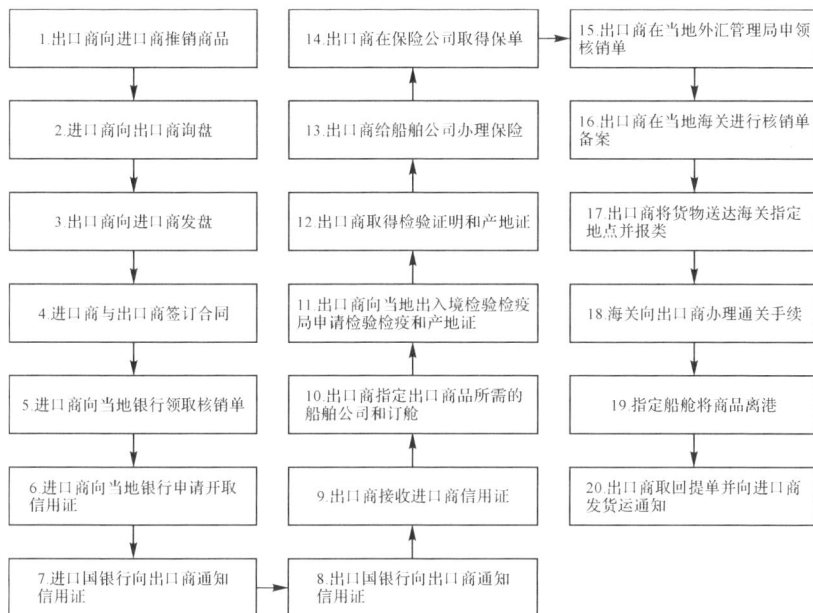

图 10-2 出口商的商品从推销、合同签订到最终海关离港环节

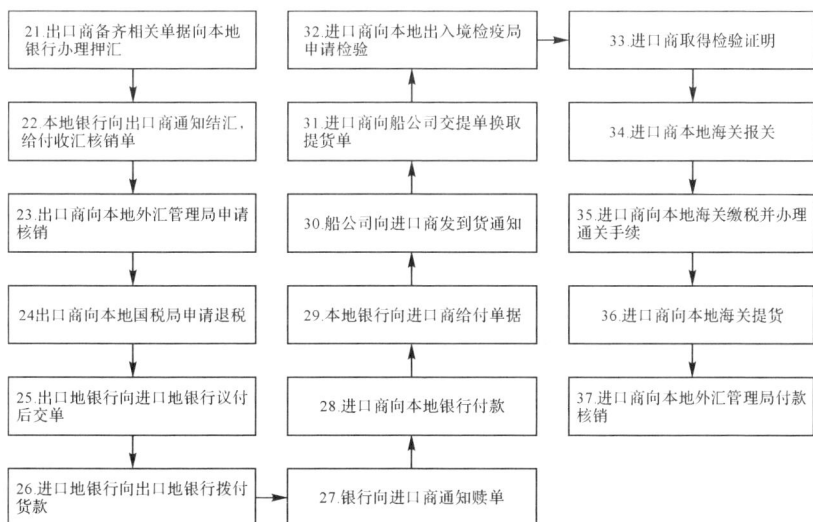

21.出口商备齐相关单据向本地银行办理押汇	32.进口商向本地出入境检疫局申请检验	33.进口商取得检验证明
22.本地银行向出口商通知结汇,给付收汇核销单	31.进口商向船公司交提单换取提货单	34.进口商本地海关报关
23.出口商向本地外汇管理局申请核销	30.船公司向进口商发到货通知	35.进口商向本地海关缴税并办理通关手续
24.出口商向本地国税局申请退税	29.本地银行向进口商给付单据	36.进口商向本地海关提货
25.出口地银行向进口地银行议付后交单	28.进口商向本地银行付款	37.进口商向本地外汇管理局付款核销
26.进口地银行向出口地银行拨付货款	27.银行向进口商通知赎单	

图 10-3 进口商收到商品离港通知到接到商品、退税完成环节

从进口商接到出口商的发货通知到货品接收,中间需要经过 17 个环节。

可以看到,与国内贸易相比,传统国际贸易在商品流通上需要经过海关通关、检验检疫、外汇结算、出口退税、进口征税等冗长的环节和流程。而且在个别环节上,存在操作单位效率低下的问题,可能会直接导致货品交付时间过长甚至货品损坏等情况发生。例如,在办理通关手续或商品检验时,时间处理不及时就可能会造成货品的损失。

除了在通关方面有一套冗长的手续和流程,传统 B2B 大宗商品在结算方面也颇为复杂。境内贸易双方的结算可以使用支票或单据,通过银行办理款项的收付,流程简单。但跨境贸易采购和销售可能要使用不同的货币,不能直接用人民币结算,涉及外汇的使用。结汇需要备有核销单,另外汇率波动及外汇管制带来的风险,也给跨境贸易结算增加了很多复杂性。烦琐的结算和货币汇兑业务给跨境 B2B 交易带来了不少麻烦,尚未出现一个能解决商户多方面需求的跨境 B2B 平台。

(2)物流数据标准不统一、信息不透明

全球化贸易量的快速发展,对跨境物流的要求越来越高。跨境物流关系到国内外两个物流系统的运营,需要经过两个国家海关检验检疫,物流的成本和运输效率直接影响用户对跨境电子商务平台的好感度,物流在跨境电子商务中有着举足轻重的作用。

由于跨境电商物流环节较为复杂、耗费的时间相对较长,为了能够尽可能地缩短运送时长,必然要通过完善的物流基础设施来打造出高度成熟的物流配送体系。但我国跨境物流起步比较晚,相应的配套设施相对落后,物流企业数量多、规模小,尚未形成具备较强影响力的产业集群。①

另外，我国的物流存在信息化程度不高、高端物流设备普及率较低、数据信息共享难等各方面的问题，给跨境电商物流产业的发展带来了较大的阻力。在此背景下，跨境物流信息不能共享、无法衔接、无法追踪、协调困难，造成了运送时间长、运送费用高、用户体验效果差等各类问题。未来，物流建设将向信息化、透明化、共享化方向发展，将使跨境电商运作更加高效，作业时间也将相应缩短。

（3）通关环节众多、周期较长

海关是国家进出关境的监督管理机构，是跨境电商最重要的一个环节，也是制约跨境电商的一个重要因素。通关烦琐、环节众多、检验检疫标准不一致、没有针对性的通关模式和标准规范等问题，严重影响了用户采购时效和购物体验。

跨境电商的本质是"互联网＋国际贸易"，传统海关监管难以适应跨境电商小批量、高频次、品种多的新交易特征。海关审批工作目前的管理体系和管理系统已经不适用于跨境电子商务的申报和审批。通关效率低、出口退税难、结汇渠道不畅通等问题，制约了跨境电商发展，削弱了跨境电商的优势。②

面对如此复杂冗余的外贸进出口产业链条，跨境 B2B 平台的发力点就在于对"流程"的改造上，将复杂的外贸供销体系打造成更加适合当下小订单、高频化的国际贸易采购场景。只有这样，中国中小外贸企业才能借助跨境电商平台节省时间，节省费用，最终在外贸升级上寻得出路。

---

① 魏洁,魏航.跨境电子商务物流模式选择研究[J].科技管理研究,2017,37(21):175－179.

② 冯然.我国跨境电子商务关税监管问题的研究[J].国际经贸探索,2015,31(2):77－85.

B2B 4.0 促进更开放包容的国际贸易

目前国际贸易中的一些困难,比如链条漫长、流程复杂、各种单证交接耗时费力,成本居高不下等,都是由于过去的技术局限造成的。国际贸易涉及数十个中间商,又跨越不同的国家,可以说是人类历史上最复杂的协作系统。各种流程、关卡、单据、票证都是为了保证这个协作系统的通畅运转,保证信息流传过程中真实无篡改。传统意义上,信息只能通过纸质凭证、政府信用背书机构等方式,经过一层层的信任传递来实现。数据标准化问题很难像集装箱标准化那样轻松解决。

虽然互联网的出现实现了国际贸易供需信息的数字化,提供了跨国的供需信息展示、对接平台,实现了信息流的全球流通,然而,中国的货物不可能通过海底电缆直接输送到太平洋对岸,国际贸易仍需建立起线上线下协同运转的协作系统,将线下信息标准化、线上化、智能化。区块链、物联网、大数据与人工智能使第一个真正意义上的国际贸易开放平台成为可能。在这个平台上,国际贸易中的障碍将被降到最小,国内外贸易之间的数据壁垒、政策壁垒将被打通,国际贸易合作更加包容、更加便利、成本更低。

将区块链技术应用到国际贸易结算,资金支付安全性和实时性将大幅提升,可以解决目前跨境支付存在的烦琐、延时等各种问题。区块链和人工智能技术的发展将大大提高信息标准化的程度,目前以人工为主的烦琐手续流程将大大简化,传输方式将智能化自动化匹配,运作效率将呈倍数级增长。另外,随着物联网技术的发展,商品互联互通的背景下,物流传输将向透明化、共享化方向发展,不仅有助于商品传输的安全有效性,还能实现商品的跨境实时追踪。

在便捷、安全的快速支付体系和智慧物流系统下,跨境间的"三流"融合程度将逐渐向境内交易靠拢,国家间的边界将逐渐模糊。在 B2B 4.0 时代贸易的全球化将真正实现,跨境 B2B 交易将迎来高速增长。

卓尔智联在形成国内智能交易生态圈之后,借助于新技术、新机制的力量,在新加坡上线运营"世界商品智能交易中心"(CIC),为世界各地贸易商提供化工塑料、有色金属、黑色金属、农产品、棕榈油、燃料油等类目大宗商品的交易匹配及一站式物流、通关、金融、大数据等服务。立足于新加坡大宗贸易资源、便利通关、地缘和金融联通性等优势,世界商品智能交易中心充分释放出服务全球贸易的潜能,将中国大宗商品交易与世界市场更紧密地连接在一起。在"一带一路"倡议深入实施的历史机遇下,卓尔智联将在全球贸易历史上写下新的一笔。

新技术让国际贸易更加便利

2018 年 3 月,海关总署会同口岸管理各相关部门出台了《提升我国跨境贸易便利化水平的措施(试行)》,提出了提升我国跨境贸易便利化水平的 18 条举措,主要围绕优化通关流程、简化单证手续、降低口岸收费、建立完善管理机制等方面,进一步压缩进出口环节时间和成本。其中半数以上的举措都可以通过物联网、区块链、人工智能等新兴技术来实现。

物联网技术的出现,使得每一只集装箱、集装箱中每一件货物的信息都被真正地"数字化",从而透明化地在协作网络中传递,港口、码头、航运等信息可以自动对接,实现全流程的自动化和实时在线监控,使无人码头成为可能,使人为监控、查验的中间机构大为缩减。同时,近年来大数据与人工智能技术的快速发展,使物联网中采集到的实时货物数据可以得到有效的处理分析,让不同国家之间的买方和卖方可以更精准地找到彼此,实现货物与运输工具、港口之间的自动匹配,实现船舶、飞机、卡车等运输工具的自动行驶。其次,天生为复杂协作而生的区块链技术,可以完美应用于国际贸易场景,将跨国、跨企业的信息透明化协作变为可能。区块链技术不仅让成百上千种货物单证走入历史,更使信息自带防篡改的"护身符",让一整套保证跨组织信息真实性的"货物—信息校验机制"成为过去时。

比如18条措施当中的第2条措施为:"取消海运提单换单环节。协调推动进出口企业、港口企业、船公司加快实现提货单电子化"。这就非常适合应用区块链技术的应用场景,基于区块链的新系统,可以确保各方能通过安全的网络发行、转让、签署、管理与航运和交易相关的文件。

第3条措施为:"推进口岸物流信息电子化。在海运集装箱货物申报、查验、放行等通关环节推动口岸查验单位和港航企业之间应用集装箱运输电子数据交换报文标准。"这也正是物联网技术和区块链技术未来的应用方向。区块链的应用将有可能打破传统 EDI 数据交易标准落后、低效的局面,国际供应链上的相关主体都可以成为数据网络上的平等节点,与国际贸易提单相关的各类电子单证将以通用格式加密传输,从而实现数据可靠、高效的交换。

此外,涉及资金跨境方面的难题,未来也可以采用区块链技术来解决。由于区块链网络中所有参与节点共同维护验证信息,保证了信息的一致性,因此,在区块链支付中无须复杂的信息同步和对账,将大大提高跨境支付的效率。基于区块链的跨境支付几乎是实时的,可以

7×24小时不间断服务，汇款方可以很快知道收款方是否已经收到款，了解这笔支付是否出现了延迟或其他问题。

新技术降低国际贸易成本

数字货币技术则在跨境支付方面带来了突破性的解决方案。通过使用数字货币，交易双方可以共用一种金融交易的标准协议，全世界的银行、企业或个人之间都可以点对点进行金融交易，直接实现跨国跨币种的支付，而无须类似 SWIFT 的中心管理者。相较于传统的跨境支付模式，基于区块链的跨境支付模式有效率更高、成本更低、流动性更强、权利更平等的优势。

越来越多的参与者看到，区块链可以成为取代纸质单证和 EDI 的新一代物流"数字化"解决方案。目前，马士基、ZIM 等全球航运巨头正纷纷与 IBM、埃森哲等一起布局区块链电子货运系统。一旦这些系统获得海关和港口当局的批准，每年将为航运业节省数十亿美元。

传统跨境支付模式的成本有 4 个部分：支付处理成本、接收费用成本、财务运营成本和对账成本。麦肯锡在 2016 年的全球支付报告中称，通过银行中间网络完成一笔跨境支付的平均成本为 25～35 美元，而 Hyperledger、瑞波等基于区块链的跨境支付可以把成本降低 80% 以上，费用减少的部分 75% 为中转银行的支付网络维护费用，25% 为合规、差错调查及外汇汇兑成本。

传统的跨境支付主流系统 SWIFT 也在积极拥抱区块链，已经正式选择在自己最突出的区块链项目中使用超级账本 Fabric 数据库。如果这个区块链概念验证获得成功，可以节约高达 30% 与跨境支付相关的核账成本。

在过去,跨境贸易的参与者每一家都拥有自己的系统和自己的一套账本,数据之间互相割裂,交易双方难以达成信任关系,协作更是无从谈起,数据连接、同步的成本非常高。而利用区块链技术,通过共同记账的方式,可以将国际贸易的所有参与方共同组织起来,把重要的交易信息在同一个账簿上记录和反映出来,为各参与方提供了平等协作的平台,降低了机构间信用的风险和成本。

B2B 4.0 重塑现代供应链

供应链是以客户需求为导向,以提高质量和效率为目标,以整合资源为手段,实现产品设计、采购、生产、销售、服务等全过程高效协同的组织形态。国务院总理李克强在 2016 年《政府工作报告》中首次提出要"重塑产业链、供应链、价值链"。党的十九大报告也提出,"建设现代化经济体系,深化供给侧结构性改革,在现代供应链等领域培育新增长点、形成新动能"。加快供应链创新,建设现代供应链,已成为深化供给侧结构性改革、推进工业 4.0 进程、建设现代化经济体系的重要内容。

从 1.0 的黄页模式为交易双方提供信息服务,到 2.0 平台撮合交易,再到 3.0 的服务融合生态,最后升级为智能互信的 4.0 阶段,B2B平台逐渐从承载供需双方的采购和供应功能,过渡到全面解决信用机制、智慧物流、无障碍支付和供应链金融等全部问题,通过平台形成有效的闭环,"三流"实现了真正融合。随着各类新技术的成熟发展和深入应用,B2B 4.0 平台将彻底打通整条供应链,运营效率大幅提升、服务类型将极大丰富,其将深度融合到贸易各环节,再造贸易形态,开启新贸易时代。

4.0 时代的 B2B 平台将会成为促进经济全球化的重要组织形态，成为世界范围内企业组织重塑的重要驱动力量。凭借物联网、大数据、人工智能等技术，B2B 4.0 将重塑贸易与供应链形态，重构企业生产、运营、交易、物流等全部流程，进而改变企业组织，成为催生"智能制造"、实现工业 4.0 的重要动力。

供应链各环节之间将真正打通

对企业来说，打通供应链上下游可以在很大程度上节省生产成本、增加营业收入、提高经营效率，供应链竞争优势对企业经营至关重要。在传统的供应链格局下，每家企业仍按照自己的采购、生产、销售将供应链分为 3 个独立的环节：供应商及供应管理、企业内部运营管理、客户端的物流交付及服务管理。[①] 虽然供应链管理系统、企业资源管理系统和客户关系管理系统已经成为各企业信息化建设的重点，但集成信息系统不仅成本高，还无法真正改善上下游的供应链关系。B2B 平台的出现为企业打通供应链提供了最合适的途径。

但遗憾的是，目前 B2B 平台为企业提供的供应链服务，依旧存在着采购过程不够透明、供应需求失衡、资金流转复杂、信任程度不足等诸多问题。各方企业大多将 B2B 平台当作信息交流和撮合交易的渠道，并不愿意将企业的整个供应链关系真正移至线上平台。现有的 B2B 企业数据库依旧是一个个数据孤岛，尽管每个平台都在提倡数据的共享、公开、透明精神，然而真正实现的却凤毛麟角。这也导致了大数据愈发

---

① 陈晓红，刘蓓琳. B2B 的电子商务与供应链管理[J]. 管理现代化，2000(4)：26—28.

地集中在少数大型核心企业手中,无法在全社会形成环流。

而"互联网+"、大数据和区块链技术的出现为现有模式提供了根本性的解决方案。未来 B2B 企业将致力于建立集供应、制造、销售信息于一体的安全化、智能化生态圈。这样的供应链管理模式不仅安全便捷,更是能从根本上加强企业的供应链优势,对企业具有巨大的吸引力。因此,B2B 4.0 可以真正将供应链各企业聚集起来,打通整条产业供应链。

大数据和区块链技术的应用可为平台带来更可靠的数据来源。区块链技术作为信任连接器,在其支持下,机构不需要将数据共享出来,就可以把数据协作的过程,包括数据请求、数据提供、数据评价等过程信息记录在区块链上,借助区块链来保证过程中信息不可篡改。这意味着依靠全网的分布记账、自由公证,平台可以形成一个共识数据库,积累大量的供应链数据,成为打通各企业的真正利器。

供应链运营效率将大幅提升

B2B 作为企业端的交易服务平台,最本质的功能是提升传统供应链的运作效率。在大数据、物联网及人工智能的背景下形成的供应链管理系统,可以整体协调从计划到执行不同供应链功能中的信息、人员、工作流程、财产、事件和任务,实现企业供应链的上下游各环节无缝链接,促进供需协同平衡。

在全流程管理方面,B2B 平台可通过将物料管理、配送管理、库存优化、订单管理、需求与预测及运输管理结合,实现从供应商、制造商、分销商、零售商直到最终用户的流程可视化、管理信息化,达到供应链内外部协同、一体化的管理。

在协助企业制定排产计划方面,B2B平台可在满足产能约束、原料约束、需求约束、运输约束、资金约束等各种生产资源约束的基础上,优化用户目标,并实时、同步地给出企业在不同生产阶段的最优排产计划,从而帮助生产企业优化生产管理及作业流程,最大限度地助力生产制造业降低生产成本,提高生产效率,降低库存成本,加快市场响应速度。

在仓储管理方面,B2B平台可利用物联网思维解决传统仓储物流行业的需求痛点,整合仓储物流行业内部资源及仓储规划,降低生产成本、提升响应速度。通过订单采集、需求预测、库存补货、库存报表,仓储建设与规划等功能,为企业决策提供有力的数据支撑。客户、供应商更紧密地协作,完成供应链的闭环,从而优化库位、增加销售、增强客户服务、提高订单和出货的可见度。

B2B行业向4.0转型和升级后,可从企业供需采购服务扩展到生产、仓储、经营管理等各方面,真正实现用信息技术、物联网技术和人工智能技术为企业提供全方位的服务。

供应链"三流"的安全性将大幅增加

供应链是生产流通过程中,围绕"将产品或服务送达最终用户"这一过程的上下游企业形成的网链结构,归根到底离不开其中的物流、信息流和资金流。B2B 4.0的大数据和区块链技术将大幅提升"三流"的安全性。

在资金流方面,随着互联网科技的快速发展,基于互联网的大数据征信越来越受到重视。而区块链技术具有去信任、时间戳、非对称加密和智能合约等特征,保证了征信的安全性和可靠性。将区块链技术和大数据挖掘相结合,B2B平台可以搭建行业联盟链和征信数据共享交易平台,提供全行业的数据共享交易。

在信息流方面,区块链技术可以从根本上解决"信任半径"的问题。首先是不可篡改性,信息一旦被记录在区块链中便不能被更改。其次是分布式存储的完整数据库系统。如果单一的中心化数据库发生故障或者是篡改了所有资料,将会造成不可弥补的损失。最后是其可追溯性、可追踪性的特点,使交易记录和账本可以进行追踪及公开查证。

在物流方面,商品从原材料到成品制成再到流通至消费者的整个过程都需要保证安全。整个物流过程覆盖数百个阶段,跨越数十个地理区域,很难对商品进行追踪或对事故进行调查。但作为一种分布式账本技术,区块链技术可将分类账上的货物转移登记为交易,以确定与生产链管理相关的各参与方及产品价格、日期、地点、质量、状态和其他相关的任何问题,为物流提供溯源和追踪功能。

除了溯源,区块链还可以实现物流的"实名制"。传统的物流行业经常出现丢包爆仓、错领误领、信息泄漏等问题,因为物流行业涉及多地、多人操作,很容易产生混乱。区块链是一种不可篡改、高度安全且透明的共享网络,可根据每个参与者的权限级别为其提供端到端的可见性。供应链生态系统中的每个参与者都能查看货物在供应链中的进度,了解集装箱已运输到何处。他们还能查看海关文件的状态或者查看提货单和其他数据。通过实时交换原始供应链事件和文档,可以改善对集装箱在供应链中所处位置的详细追踪。

供应链融资成本将大幅降低

融资是企业经营不可缺少的一环,中小企业融资难、融资贵一直以来都是市场上亟待解决的重要问题。在供应链行业的发展和政府支持下，现有 B2B 平台已经在为相关企业提供融资服务。一般以真实贸易为前提，通过应收账款抵押、货权质押等方式为上下游企业提供综合性金融产品和服务。但目前来看，仍需要诸如商业银行或核心企业的第三方参与，融资方式依旧单一，融资成本也很高。

B2B 4.0 平台应用的区块链技术具有不可篡改、可追踪的特征，决定了其能够彻底解决传统支付的痛点。通过区块链平台，企业之间的交易结算可以免去中转银行的参与，将大大加快结算和清算速度，降低融资成本，提高资金利用率。同时还将加速金融创新和产品迭代速度，极大地提高金融运行效率，重塑信用传递交换机制。当前的种种迹象表明，区块链给金融领域带来的变化已经开始且正在加速。

我们还看到，在当下的供应链体系中，一方面，上下游供应商和经销商融资难，商票只能全额转让或贴现，银票也存在拆分难的问题，而且成本高；另一方面，核心企业又有很多授信在空置浪费。而基于区块链技术的供应链金融云平台可以很好地将这两方面的问题打通，在有效缓解中小企业融资难、融资贵的同时，还能帮助大企业降低融资成本，促进产融结合提质增效，实现共同发展。

B2B 4.0 推进工业 4.0 的实现

当前我国经济发展中出现的产能过剩、库存高企、成本过高等问题，已成为制约经济高质量发展的重要因素。国家明确提出了供给侧结构性改革、中国制造 2025、工业 4.0 等战略优化产业结构，提升产业质量。B2B 平台作为经济互联网＋、智能＋的重要成果和先导力量，其进步与发展将在国家经济转型中扮演十分重要的角色。

制造产业的供给侧结构性改革、产业优化的目标中,B2B平台能够给制造产业带来多处变革:一是通过优化现有生产要素配置和组合,来提高生产要素利用水平和促进全要素生产率提高,不断增强经济内生增长动力;二是通过优化现有供给结构来调整现有产品供给结构、提高产品和服务质量,从深层次上解决供给同需求错位问题,满足现有产品和服务需求;三是通过优化现有产品和服务功能,大力培育发展新产业和新业态,提供新的产品和服务,创造新的供给,以此来创造新的需求。

工业4.0的发端是电子商务,支撑是柔性供应链,而我国作为全球最大的网络经济大国和制造大国,在工业4.0的基础尚未夯实时,中国制造业可以从全面对接B2B切入,重整企业的采购、销售、物流等供应链流程,率先实现供应链的智能化,为工业4.0的推进落地搭牢基础设施,做好数据化、智能化体系的充分准备。

B2B 4.0阶段的供应链,能够将具有环境感知能力的各类终端、基于泛在技术的计算模式、移动通信技术等不断融入工业生产的各个环节,结合制造端物联网、人工智能等技术的应用,与未来先进的制造技术相融合,将大幅提高制造效率,改善产品质量,降低产品成本和资源消耗,将传统工业提升到智能化的新阶段,形成真正的"智能制造"。

"工业4.0"是世界各国重要的战略目标

一次次工业革命推动了全球经济的发展。有人认为,第一次工业革命始于18世纪后半期由蒸汽机实现工厂的机械化;第二次工业革始于 19 世纪后半期用电力来实现大规模化批量生产;第三次工业革命始于 20 世纪后半期通过电气和信息技术实现制造业的自动化。

2013 年 4 月,德国于汉诺威工业博览会上发布《保障德国制造业的未来——关于实施工业 4.0 战略的建议》报告,首次将"工业 4.0"定位为第四次工业革命。希望融合先进的制造技术和信息技术,提升制造业的智能化水平,将以往生产过程中的集中式控制转变为分散的增强型综合控制,实现由单一种类的大规模生产转向多个种类的大规模定制。① 德国政府提出工业 4.0 战略,其目的是为了提高国家工业企业的竞争力,在新一轮工业革命中占领先机。该战略提出后得到德国科研机构和产业界广泛认可,并在全球范围内引发了新一轮的工业转型升级的竞争。

金融危机后,美国政府将发展先进制造业上升为国家战略。2014年 4 月,GE、IBM、思科、英特尔等制造业企业和 IT 企业成立工业互联网联盟(IIC),正式提出对应于工业 4.0 的工业互联网概念。与德国制造业更为发达不同的是,软件和互联网经济更为发达的美国更侧重于在"软"服务方向推动新一轮技术革命,采用互联网技术激活传统工业,保持其制造业的长期竞争力。②

2014 年 11 月李克强总理访问德国期间,中德双方发表《中德合作行动纲要:共塑创新》,宣布两国将开展工业 4.0 合作。2015 年 5 月,中国政府发布《中国制造 2025》,提出以推进智能制造为主攻方向,以加快新一代信息技术与制造业深度融合为主线,并将其定位为为期 10 年的长期战略。

---

① Xu L D,Xu E L,Li L. Industry 4.0:state of the art and future trends[J]. International Journal of Production Research,2018(8):1—22.

② 纪成君,陈迪."中国制造 2025"深入推进的路径设计研究——基于德国工业 4.0 和美国工业互联网的启示[J]. 当代经济管理,2016,38(2):50—55.

"工业4.0"不断推进，英国、法国、俄罗斯、日本、韩国、印度等国家也纷纷出台类似的国家战略，以提升本国工业企业竞争力，在全球第四次工业革命中占据一席之地。

B2B 4.0 是实现工业 4.0 的重要源动力

虽然各国"工业4.0"战略实施范围、技术重点各有不同，但都是充分利用信息通信技术，融合物理世界和数字世界，提高供应链效率，实现制造业的智能化发展。工业4.0有几个核心问题，一是通过传感器、嵌入式终端系统、智能控制系统、通信设备，形成万物互联的智能网络，通过系统集成获取数据；二是通过获得的产品数据、设备数据、运营数据、管理数据、销售数据等将设备、生产线、供应商、客户与产品连接在一起；三是实现技术、产品、模式、业态、组织等全方位的创新；四是从大规模生产转向按需生产。前面提过，工业4.0希望实现由单一种类的大规模生产转向多个种类的大规模定制，即生产智能化、产品定制化，而B2B 4.0就是实现这一设想和目标的重要手段。①

B2B 4.0是工业4.0的必经关键环节。从狭义上来说，制造业的原材料采购与商品的销售与B2B有着天然联系。从广义上来说，工业4.0是一套完整的系统，涉及企业整套商业流程的各个方面，B2B对接的两端均为企业，制造升级必然需要交易的升级，必然需要依托供应链的预先升级。可以说，工业4.0和B2B 4.0相辅相成，未来将会共同发展，不断走向成熟。

B2B 4.0为工业4.0准备了技术底层。虽然中国制造业市场交易

---

① 徐广林，林贡钦.工业4.0背景下传统制造业转型升级的新思维研究[J].上海经济研究，2015(10)：107－113.

额巨大，但上下游之间大多呈现"大市场、小企业"的格局。上下游企业分布较为分散，企业间存在着明显的信息不对称，市场上存在着大量的中间商。而工业 4.0 所要实现的智能制造目标，就是要将先进制造技术与供应链数据挖掘分析相结合，形成新的智能化制造体系，提高制造效率、改善产品质量、减少产品和资源浪费。B2B 4.0 交易生态平台可以将区块链技术、物联网、人工智能技术相结合，为信息流、资金流、物流提供一个数据互通的底层平台，将通过供应链的预先智能化带动制造生产各个环节"智能化"，促进传统工业向智能制造升级转型。

B2B 4.0 提供清晰高效的数据支撑体系。20 世纪末以来，以互联网、物联网、云计算等新兴信息技术主导的新一轮产业革命将人类社会经济发展带入数据时代。大量工业数据的使用，让传统的生产、流通和消费等环节呈现出前所未有的"信息化""扁平化"和"无界化"。由于可能建构起表征现实世界的"虚拟镜像"，海量规模的数据资源背后是人类思维方式和行为分析工具的彻底突破——借助于大数据的分析与研究，对消费者行为规律、需求内容、结构、方式及其发展变化的预测更趋科学性。[①] 大量的数据资源将捕捉到更多的异质消费需求，创造出更多的商业价值，也预示着工业生产将向高速度、高效率迈进。B2B 平台深入产业链深处，天然具备积累数据的优势，在 4.0 时代，B2B 企业将为工业建立清晰有效的数据支撑。

B2B 平台服务与企业生产、交易的每个环节都会产生数据，B2B 4.0 建立的分布式的共享生态圈将聚集供应链众多企业，形成跨行业、跨区域、跨国界的组织。在区块链的信任机制下，产业协作能力将大大增

---

① 张亚斌，马莉莉. 大数据时代的异质性需求、网络化供给与新型工业化 [J]. 经济学家，2015(8)：44－51.

强。为了提高企业自身运作效率,改善经营模式,生态圈内企业将主动共享数据,产品生产与价值创造过程日益表现出更为广泛的社会参与性和互动性。数据安全、自由地在产业链上流转,由 B2B 平台收集,并进行标准化的处理与利用,可以让数据真正实现出资源价值。

B2B 平台深入产业供应链,参与企业产品设计、试验、生产、营销、管理等各个环节,可以与企业进行广泛而深入的互动与反馈。平台利用企业与消费者海量数据优势,不仅可以为客户提供信用体系建立、金融、物流等全方位的服务,还可以结合买方市场的需求来进行产品结构优化。

例如,在白糖的产业链中,下游客户在生产工艺中是需要硫化糖还是碳化糖,需要广西糖还是云南糖,是可以进行区分的。有的饮料设备对色泽没什么要求,有的食品加工企业就要求白糖色泽更好一些。比如,食品添加剂行业不在乎白糖颗粒大小,而奶茶店、咖啡店需要速溶的糖,就需要颗粒度更细一些的白糖。通过结合不同客户的需求,平台可以进行资源的配置。另外,在积累了大量的客户数据,利用人工智能进行数据分析后,可以结合客户聚集地提供客户最需要的产品,甚至利用生产周期提前做相应的物流安排。

总的来说,未来数据将越来越发挥出资产的作用,成为价值创造与产业的转型升级的重要推力。B2B 行业是天然的数据积累者,结合大数据、区块链、人工智能等技术的应用,将充分发挥出数据的价值,通过大量的供需数据、物流数据、金融数据综合分析,可以更精准地发现市场、预测需求,实现智慧生产,减少无效浪费,真正实现"按需生产,为工业体系建立清晰有效的数据支撑。

B2B 4.0 形成的交易生态圈为制造业企业搭建了底层数据平台,疏通了万物互联的渠道,提供了数据聚集、挖掘和分析服务,是实现工业 4.0 智能制造、按需生产的重要源动力。

B2B 4.0 开启新贸易时代

B2B 4.0 平台重塑供应链形态,将实现资源的高效分配与共享,完成物流、信息流、资金流"三流"的智能对接和联通。通过构建智能交易生态体系,聚拢供应链上各级用户,将促成企业间、产业间、地区间高信任的组织协同,提升产业集成和协同水平,打造大数据支撑、网络化共享、智能化协作的现代供应链体系,赋能中小企业转型升级。

新技术的应用正在改变世界,随着区块链、人工智能、物联网技术开始逐步集成在 B2B 4.0 的每一个场景与业务中,能够影响的产业链将越来越长。通过物联网技术,实现人、物、机的互联,提供信息流基础收集手段,以商品生产、销售全流程的数字化感知和可视化,实现可溯源的智慧供应链物流。借助人工智能,商业贸易的需求发现、营销预测、智能征信、金融配套、物流分发、服务众包等环节可以实现智能化自组织。开放式 B2B 区块链底层平台,向全部交易服务机构开放,通过多终端信息协同、智能合约机制,打通从采购、生产、销售到协同合作等在内的整条供应链,实现信息透明、共享,全方面提高交易效率,从而实现多方共赢。

B2B4.0 构建灵活的组织形态,数字化、智能化、区块链化辐射包括产品设计、采购、生产、销售、服务等在内的全产业链。B2B 平台通过物料、设备、控制系统、信息平台、人等各方参与者的广泛互联,与各类新技术的交叉综合应用,将实现数据大量积累、信息实时传输、交易安全高效、物流智慧可控,为用户及产业发展提供更安全、高效、智能的综合服务,商品、信息、资金等各要素在产业链条上高效流动、合理配置,真正实现"要素无界流动"。

在全新的技术框架下,信用系统、价值体系、交易秩序都将被重新定义,通过身份自动验证、资金便利清算、资产安全交割,将真正实现全球化的智能交易。这是以数据支撑、万物互联、信任协作为特征的智能交易服务生态,重新定义了新的全球贸易形态。

B2B 4.0 交易平台构建了全面数字化、高度信任化、高效传输的"信息流"基础。区块链技术底层框架为参与者们搭建起无摩擦、可信任的交易平台,企业将建立高度信任的合作关系,各主体各环节有效链接、数据交互顺畅、资源协同共享。人工智能提供智能定价、自动撮合、智慧库存管理、需求预测等,实现供需精准匹配与智能化决策,交易效率空前提高。

依托海量数据、信任机制和分析手段,新的征信体系得以建立,支付手段更加灵活,金融配套工具更加丰富,风险控制能力大大增强,平台将充分发挥金融价值,撬动更大的供需市场。

仓储运输资源在交易体系内被高效分配,供应链全流程数字化、可视化,自动感应设备、智能运输工具大大增强了物流效率,安全、高效的"物流"体系得以建立。

毫无疑问,国际贸易格局因此将被重塑。数字化协作系统将改变烦琐、复杂的跨境贸易流程,打破贸易壁垒,全球商品一键触达。区块链底层技术将大幅提高跨境支付效率,智慧物流体系将实现外贸商品的安全传输、高效传递和实时追踪……在智能交易生态下,国际贸易也将变得便捷、简单,实现全球商品和要素资源的优化配置。

我们将进入一个开放、共享的智能交易新世界:贸易各参与方将更高效地共享各类信息、技术等基础资源,产品供应将更精准地匹配需求,交易过程更加安全、便利、透明,商品流通可实时追踪、管控,物流更加高效迅捷，全球贸易更加自由、顺畅，贸易效率实现划时代的增长……

让交易平滑至简，让要素无界流动。相信在不久的将来，B2B 4.0将打造高效能、低成本、开放共赢、智联天下的智能交易体系，全方位重塑世界商品和贸易格局，全面深化、提升全球市场开放程度。

让我们张开双臂，迎接新贸易时代的到来！

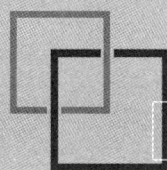

附录

智能时代的来临

于 刚

卓尔智联集团董事会联席主席、岗岭集团联合创始人

　　狄更斯在其传世经典作品《双城记》的开篇写道:"这是最好的时代,这是最坏的时代;这是智慧的时代,这是愚蠢的时代;这是信仰的时期,这是怀疑的时期;这是光明的季节,这是黑暗的季节;这是希望之春,这是失望之冬;人们面前有各样事物,人们面前一无所有;人们正在直登天堂,人们正在直下地狱。"狄更斯 150 多年前的描述也非常契合我们现在所面临的时代。2016 年 3 月,谷歌推出的智能机器人AlphaGo(阿尔法狗)以 4∶1 的战绩打败人类围棋冠军李世石,宣告了智能时代的来临。世人感到震惊,感到兴奋,同时也感到了对未来的深深不安和迷惑。

　　我有幸应谷歌之邀于 2017 年 5 月在乌镇现场和谷歌董事长埃里克·施密特(Eric Schmidt)一起,观看了阿尔法狗与当今人类围棋第一高手柯洁的三番棋决赛,见证了柯洁的拼搏、无奈、失落和沮丧,也亲眼看到柯洁在无力回天时落下了英雄泪。作为人类的一员,我非常理解并能感受到他的落寞。有媒体称:柯洁的眼泪是全人类在哭泣。

　　比赛结束后,我在从乌镇回上海的途中一路都在深思,一连串的问题涌入我的脑海。IBM 的深蓝(Deep Blue)在 20 年前就打败了国际象棋世界冠军加里·卡斯帕罗夫(Gary Kasparov)。可那时,人类没这么

惊讶啊！大家都知道,机器在智能上超过人类只是迟早的事情,可那一天真正到来时有什么不可接受呢？我的解释是这一天到来得比我们的预期要早、要快、要更戏剧化,我们在心理上和情感上还难以接受。而我们还必须接受的是,人工智能未来的发展会更快、更猛烈、更超出我们的想象!

当人类发明蒸汽机时,我们会质疑火车比牛的力气大吗？当人类发明汽车时,我们会质疑汽车比马跑得快吗？当人类发明飞机时,我们会质疑飞机比鸟飞得高吗？而当人类发明人工智能时,我们为什么要质疑智能机器人比人类更聪明的事实呢？

深蓝于 1998 年打败卡斯帕罗夫的事件没有被定义为智能时代的拐点,可为什么阿尔法狗的意义如此重大呢？这是因为围棋的穷举复杂度是 10170,远远大于国际象棋穷举的复杂度 1047。围棋是人类有史以来设计得最复杂的竞技游戏,可以说阿尔法狗攻克了人类捍卫自己尊严的最后一个堡垒!

既然改变不了事实,我们就必须面对现实。大量的人类工作岗位将会被智能机器人所替代,大量的学科将会被改变其传授和学习的方法,人类的创造和价值体现将会被重新定义,人类知识和智慧的进化正处于一个转折点。

对于守旧和不愿意面对变化的人,这是一个最坏的时代,冲击和挑战将接踵而至;而对于认可和接受智能时代的新模式、新思想、新方法的人,这却是一个最好的时代,这个时代为我们提供了无限的可能。智能时代的到来及未来的迅猛发展有以下几大基石:

(1)**摩尔定律**:当计算速度、信息储存量、计算效率每 18 个月还是按照摩尔发现的规律而翻一倍时,智能机器人的能力也会呈指数级进化。

(2)**互联网和物联网的发展**:当互联网和物联网的渗透率持续上升

时,信息量是以网络节点数的平方而增加的,连接的世界更智慧。

(3)大数据:当数据的源头更丰富,数据量更大,数据更准确和实施人工智能后的决策更接近最优化时,错误的概率越小。

(4)算法的发展:当机器深度学习,神经网络研究、语音和图像识别、决策和资源优化的模型及算法进一步完善后,人工智能的开发及应用会加速。

在智能时代逐渐取代互联网时代之际,让我们先回顾一下互联网时代的几个特征:

(1)竞争加剧:以前的竞争者是在一定的物理范围之外,而有了互联网后,一个点击和一次触屏即可引发竞争。由于竞争更激烈,顾客的权利被提升,以前是"渠道为王",现在所有渠道都围绕着顾客设立,变成"顾客为王"。

(2)时间轴被压缩:由于摩尔定律,时间轴被有效压缩。产品更新换代的节奏加速,行业的进化变快,企业的生命周期变短,决策的时间窗变窄。

(3)万物相连:通过互联网和物联网实现了人与人相连、人与物相连、物与物相连和人与服务相连。在万物相连的世界,信息来自每一个节点,也传播至每一个节点。

(4)信息爆炸:线上和线下的融合及采集、处理、传播和分析数据的能力得到提升,使数据更海量、多维和实时。

智能是基于互联网和物联网之上的,我在这里预测一下智能时代的 10 大趋势。

(1)数据的价值:数据正在成为最具价值的资源。数据快速转换为信息,信息快速转换为知识,知识快速转换为智慧并为人类服务。

(2)机器人和人类的关系:智能机器人不再仅仅是人类的助手,还将成为人类决策所依赖的、不可或缺的伙伴,甚至是指挥官。

(3)人类工作岗位的迁移:智能机器人不仅会在劳动力密集型岗位上取代人类,还将在众多高智能岗位上取代人类,包括医生、教师、律师、会计师、精算师、软件工程师等。

(4)智能器官的发明:就像智能手机一样,未来也会有各种智能器官或者辅助器官被发明出来,以可穿戴甚至植入人体或者取代人体原有器官的形式提升人类的思考、记忆、运动、观察、辨别、生存等能力。这些智能器官将使人们的逻辑更强、决策更优、记忆力更好、跑得更快、跳得更高、力量更强、耐力更久、柔性更强。

(5)人类交流:人们不需要学会其他国家的语言,就可以通过智能辅助设备随时和任何人顺畅地沟通。

(6)知识的获得:绝大多数知识不再需要学习和记忆,可以在需要的时候随时查询,甚至可以直接输入到植入在大脑或者身体内的辅助芯片里,使其变为自己知识的一部分。

(7)健康管理:纳米级或者更微小的智能芯片可以植入到人体内,监控人体的健康状态并在发生变化时预警或者帮助修复细胞缺陷,抗击细菌和病毒。个性化的健康管理将成为现实。

(8)超级智能平台:智能平台将成为最重要的流量入口。每个人的一天也许都会从个性化的智能平台开始。智能机器人会把今天的天气、温度、建议的穿着、日程及所要见的人的背景、所参加活动的内容、所要旅行的细节等一一告知。人和智能平台用语音或其他形式交互成为日常最频繁的行为。

(9)无所不在的智能化:绝大多数的用品都会被智能化,包括家居、办公、健康、运动、文化、娱乐、安全、通信、交通用品等。人类可以用语音和其他形式控制这些用品,让它们能更好地为人类服务。

(10)具有情感的机器人:机器人不仅被赋予智能,还将会被赋予情感,具有类似于人类的喜怒哀乐。智能机器人将成为人类的生活甚至性伴侣。未来几年,人工智能对人类最大的挑战将会在道德伦理上。

为此,人类首先需要重新定义自我:

• 换了身体器官的我还是我吗?换了哪一部分器官就不再是我了呢?

• 修改了记忆的我还是我吗?

• 我愿意借助人工智能成为超人吗?

• 把我的经历和智慧复制到机器人上,那这个机器人可以被定义为"我"吗?

还有一点让人类担忧的是,当机器人的智慧超过人类时,人类是否会被机器人所控制和奴役。

届时,我们需要出台新的法律法规以引导人工智能朝有利于人类的方向发展,避免机器人摧毁人类,防范人类利用机器人去犯罪。总而言之,在智能时代,世界会大不一样,我们将会见证一个由人工智能所引发的历史的拐点。

智能时代的产业升级

我们了解了互联网时代的几大特征:竞争加剧、时间轴压缩、万物相连和信息爆炸。互联网的上半场是对消费者市场的争夺。在这个战场上,互联网充分体现出如下价值:不受空间限制,不受时间限制,不受货架限制,以及数据的可得性和实时性。这些优势让消费者们能随时、随身、随地享受经过充分竞争的高性价比服务。

互联网的下半场已经转移到产业互联网。在这场攻坚战中,互联网将以其作为工具、模式、思维方式的角色和其它新技术如人工智能、区块链、物联网、云计算等一起帮助产业价值链重构,促进企业转型升级。

产业互联网有哪些特殊的难点呢？

首先，每个产业都有其特有的政策管控和行业壁垒。比如钢铁产业有国家对稀有资源的源头和价格管控，化工产业有国家对其防止污染的严格要求，而医药行业有国家对网售处方药的限制，这些都是政策壁垒。而行业壁垒更是不言而喻的，拿医药行业为例，消费者是患者，决策者是医生，买单者是医保，这三者是割裂的，且两两存在利益冲突。这种割裂导致形成完整闭环的服务极为困难和复杂。

其次，中国多数产业的现状是极端的碎片化。要么是生产商的碎片化，要么是流通商的碎片化，要么是零售商的碎片化。拿医药为例，中国有 48 万家药店，其中最大的连锁药店占市场份额不足 2%，而美国 3 家最大的连锁药店占据了 85% 的市场份额。中国的药品流通商有 14000 多家，而美国 3 家就占据了 90% 以上的市场份额。碎片化导致低效率和不透明。中小企业难以大量投入科技和管理，也就缺乏标准化、系统化、自动化和规模化。

再之，中国多数产业的现状是区域化，这由多种原因导致：(1)中国地大物博，国家很难制定统一政策；(2)每个区域的经济发展阶段不一样，不同产业在不同的区域的贡献和定位不一样，也享有不同的政策；(3)不同区域推动不同产业的发展和创新模式的力度不一样，也导致产业在不同的区域的支持和管控力度有差别。区域化引发多种商品生产、交易、流通、价格管理的乱象。

最后，中国许多产业传统力量很强，现有的产业格局已形成数十年，因此有些企业抵触互联网的冲击，不希望被互联网"革命"，至少希望延缓被淘汰的时间。但互联网大潮的汹涌而至是不可逆的，也是不可阻挡的。就像大润发的创始人黄明端所说："我赢了所有的竞争对手，但输给了时代。"

在智能时代,新的科技是怎样为企业赋能,帮助产业转型升级的呢?

(1)基于互联网的交易平台让企业间的交易更高效、透明、实时。

(2)基于互联网、云服务和大数据的智能供应链去除了众多的中间环节,优化了物流、信息流和资金流,加快了库存周转,让供与需更匹配,减少浪费,加速资金周转,提升了整个供应链的效率。

(3)基于区块链技术,我们可以进行从生产到交付至最终顾客手中的全过程追踪,保证过程管控和质量问题的追溯。

(4)基于大数据,我们可以给大众顾客和零售终端客户打标签,描述其画像和行为,从而可以做精准化的营销和个性化的服务。

(5)基于机器学习、大数据分析和优化模型,我们可以帮助生产厂商决定其生产的商品的库存分布,适合顾客喜好的包装,价格的设定和各个流通渠道的选择。我们可以帮助流通商决策其仓库的布局,商品在各仓库的分配,物流方式的选择。我们可以帮助零售终端优化其选品和库存。这样的智能供应链让各个环节步履一致,发挥其最大的效能,为全生态圈服务。

(6)基于物联网技术,全生态圈的资源的位置及状态都被实时监控和管理,使资源的动态配置成为可能,优化了资源的充分利用。

(7)科技赋能多数都是基于云服务的平台,以 IaaS,PaaS,SaaS 的形式实现的。比如智能选品系统通过 SaaS 帮助零售终端选择进货品种和上传采购清单,网络医院通过 PaaS 让三方医生通过视频为患者服务,做在线诊断和咨询,其开具的电子处方流转到网络药店或者实体药店,以 SaaS 的形式由专业药师进行审方和配方,最后履单把药送到顾客手中。

总之,智能时代的产业互联网面临巨大的机会,实现价值链重构和产业升级,将出现破坏性的创新和行业格局的改变,也给大家带来前所未有的机遇,尤其是对敢于创新和拥抱变化的人。只有勇敢成为中流击水的弄潮儿,才不会成为"徒有羡鱼情"的旁观者。

(作者写于 2019 年 7 月)

卓尔智联——产业互联网的领跑者

卫哲

卓尔智联集团执行董事、嘉御基金董事长

中国互联网行业的发展几乎和消费互联网画了等号,因为 BAT(百度、阿里巴巴、腾讯)和众多的独角兽几乎全部聚焦在 2C 的消费互联网行业领域,B2B 产业互联网的发展是滞后的。

影响 B2B 发展的首要因素是用户年龄结构。B2B 不仅是 business to business(企业对企业),更是 business man to business man(商人对商人)。当中国商人还是以 60 后、70 后为主的时候,他们对自己所在企业使用互联网来交易和提供服务,都是较难接受的。85 后是中国互联网第一代原住民,他们作为消费者,已经成为互联网的忠实用户将近 20 年。但随着中国互联网的 85 后核心人群走上了企业的关键性领导岗位,当他们作为企业决策者的时候,天然地比 60 后、70 后更容易拥抱互联网,接受企业通过互联网进行交易或者接受服务。

另外,B2B 产业互联网的本质是提升效率,而 2C 互联网更多的是做增量、做大蛋糕。当整个中国经济处于高速发展的时候,企业对提高效率的迫切性并不高。随着 2018 年以及未来几年经济形势愈发严峻,越来越多的企业开始注重内部效率的提升。从这个角度来说,经济的寒冬就是 B2B 的春天。

当年在阿里巴巴工作期间,我主要负责阿里巴巴 B2B 的业务。阿里巴巴 B2B 业务在 1999—2008 年整整 10 年间,主要做的是 B2B 的信息交换层面的浅层次工作。从 2008 年起公司也开始切入交易环节,推出了外贸的速卖通、内贸的 1688 交易平台,后期还推出了为中小零售企业供货的零售通。纯互联网公司对消费者用户的理解和数据积累比较全面,做消费互联网熟能生巧,但即使阿里巴巴有着强大的实力和优秀的团队,由于缺乏对各个产业的了解,当它进入每一个产业互联网的交易环节时,还是面临着诸多的障碍和挑战,发展也非常坎坷。

卓尔智联是传统线下交易市场的龙头企业,它非常早地就意识到传统的线下市场如果不能和互联网结合的话,会受到时间、空间的制约,很难满足未来企业对交易市场的需求。卓尔智联在阎志董事长的领导下,很早就坚定了向 B2B 产业互联网转型的决心。从线下批发市场到线上卓尔购的开始,通过自建形成了 B2B 交易平台矩阵。我很荣幸几年前受阎志董事长的邀请,担任卓尔智联的董事,和阎董事长共同制定卓尔在产业互联网上的布局。在自建卓尔购和卓集送这样的以批发为背景的业务交易平台之后,卓尔切入了 B2B 领域更大的交易场景,即大宗商品的交易。

中小企业交易的商品五花八门,但对上游的原材料采购却相对比较集中。原材料互联网化的交易使大量中小企业有机会通过交易平台降低成本、提高效率,甚至通过平台所提供的供应链金融,解决采购和销售中的资金难题。基于这个判断,卓尔坚定不移地通过并购和合作的模式,切入了以中农网为代表的农产品电商,解决了以白糖、茧丝、板材等为代表的农产品交易;以收购化塑汇为标志,进入了化工塑料原材料的交易平台;通过合资模式,组建了卓钢链,进入了黑色金属交易平台。可以说,农产品、塑料原材料和黑色金属都是广大中小企业日常经营中所必需的原材料。而卓尔智联在线下积累的产业资源,以及对不同产业的了解,使卓尔智联有别于其他纯互联网公司,能够更快地推进产业互联网的布局,并且能够借助原有的商业地产物流资源和以众邦银行为代表的金融资源,除了原有的信息流之外,迅速向这些自建、收购或者合资的平台注入令一个B2B平台成功的另外两个要素:物流和资金流。

产业互联网正成为中国互联网发展的下一个趋势,也成为传统企业过寒冬、练内功、提高效率的最重要的手段。卓尔智联在过去几年的布局将迎来一个稳健、快速的发展新时期。同样进军产业互联网,和消费互联网不同的是,线下传统企业以卓尔为代表,在和互联网巨头竞争中,其原有的资源将使卓尔不会输在起跑线上。事实上,卓尔智联在B2B交易领域已经跑在了BAT的前面。我们相信本书是对卓尔智联过去几年在B2B行业的探索做了一个有价值的系统性总结,尽管这本书还难以成为B2B产业互联网发展的宝典,但一定会对想进入B2B产业互联网的从业人员产生极其深远的影响。

(作者写于2019年3月)

卓尔智联是谁，
卓尔智联为什么而奋斗？

阎志

卓尔控股有限公司董事长、卓尔智联集团董事会主席

　　雷军曾发布过一封公开信《小米是谁，小米为什么而奋斗》，我第一时间在微信朋友圈里转发了。雷军提出的其实是企业的终极问题，回答好这两个问题，就基本解决了一个企业的"三观"问题。我们每个人都曾经或者经常追问"我是谁，我为什么而奋斗"，我们正是在这些追问中厘清了自己的人生观、价值观、世界观。企业也有自己的"三观"——"我们是谁"是企业观，"我们为什么奋斗"是价值观，"我们会为世界带来什么，改变什么"是世界观。"三观"问题解决了，企业发展的方向、动力就都解决了。

　　回答雷军的提问，是每个企业、投资人和经营者的必修课。

"卓尔智联"是谁？

　　无须讳言，22岁的卓尔是从传统企业成长起来的。有很长一段时间，我们聚焦聚力于为客户提供批发市场、商务办公物业和仓库、港口等物流设施。通过近3年的线上线下融合发展、互联网化推进，"卓尔

智联"致力于 B2B 交易平台矩阵的构建,我们建设和运营消费品、农产品、化工、塑料、有色金属等 B2B 交易平台,并基于这些平台的交易场景和交易数据,提供金融、物业、物流、跨境、供应链管理等服务。

而且,卓尔智联正在紧紧把握科技发展趋势,通过物联网、区块链等技术的应用,通过不断丰富交易品种,通过与新加坡交易所合作的"世界商品智能交易中心"(CIC)拓展交易区域,打造全球商品智能交易平台和服务体系。

卓尔智联为什么而奋斗?

我们每个卓尔智联人的使命,就是努力使我们的平台交易、交易服务更加便捷、智能、高效,帮助中国乃至世界的企业和中小商户降低交易成本,使它们的采购、分销、支付、物流等都能因我们提供的服务获得最优解决方案。

我们努力通过打造全球智能交易平台,让交易平滑至简,让要素无界流动,"智联天下生意,服务创造价值",以科学技术的应用推动商业交易更好地建立信用,更便捷高效。我们努力以交易的智能化、数据化推动贸易的便利化、全球化,改善交易效率、提高市场开放程度,进而推动社会生产力的提高。

经过前期的布局和探索,我们有了足够的交易体量、宝贵的人才储备及大数据处理能力、智能化技术等重要的积累,卓尔智能交易生态已经到了聚变的重要临界点。我们近期把上市公司"卓尔集团"更名为"卓尔智联",就是要强化我们的定位。当前,我们要集中资源,实现各大平台在数据、客户、物流、仓储、金融、供应链管理等方面的全面打通、全面发力,让企业、客户能真切地感受到市场变大、库存变小、周转变快、成本变低、供应链变轻、盈利能力增厚,获得实实在在的改变,从而在中国和世界商品交易市场上建立卓尔智联的卓著声誉。

让我们稳扎稳打、步步为营、久久为功,"让我们相信美好的事情即将发生!"

（作者写于 2018 年 7 月）

后　记

　　卓尔智联立足卓尔的线下市场、港口、物流优势，紧紧跟随互联网发展的趋势，专注于打造世界最大的 B2B 交易平台和服务体系，建立了线上线下呼应、交易和服务融合的独一无二的智能交易生态。

　　近年来，作为中国 B2B 行业最深度的参与者，卓尔智联感触最深的，就是一批新技术正逐渐应用于产业互联网，特别是在 B2B 平台。例如，中农网通过人工智能技术分析平台积累大数据后，可以为客户提供最需要的农产品；海上鲜基于北斗卫星导航系统，与互联网平台技术研发了"海上互联网移动平台"，采购商可即时获取渔获捕捞情况并下单订货；卓尔智联通过区块链和数字通证技术搭建的国内联盟链，解决了信用的传递问题，并通过多方互验、校验交易的真实性……

　　新技术正在快速渗透至 B2B 平台的各个环节，区块链、数字通证、物联网、人工智能等新技术必然会重构 B2B 生态，我们深切地感受到了顺应和把握这一变革的紧迫性和重要性。于是我发起成立了一个专门小组研究这个课题，并且把这些思考付诸行动。

　　卓尔智联立志成为 B2B 领域的领军者，具备足够的交易体量、宝贵的人才储备及新技术的应用积累，有责任做一个拉开新时代商业贸易序幕的先锋。研究小组认真搜集了 B2B 行业的相关案例，调研了卓尔智联生态圈旗下的各产业平台，采访了行业资深专业人士，并查阅文献，整理、分析、研究，归纳成本书的主要思考与成果。

正是基于以上这些思考和实践,我提出编写一本书,全面总结 B2B 的发展历程,并探索新技术如何应用于 B2B,推动包括 B2B 在内的产业互联网的发展。我拟定了整体提纲和每一章节主要内容,江身军、尚静、屈琪、桂延松等负责资料的搜集、整理、编辑工作。初稿完成后,我们又请到了武汉大学的吴江教授和他的博士生黄晓对书稿做了进一步梳理和完善。他们都对本书做出了重要的贡献,在此一并表示感谢。也恳请各位 B2B 行业从业者、研究者和广大读者批评指正。

卓尔智联立志成为中国乃至世界最大的 B2B 平台,引领行业和未来发展,未来我们会继续关注 B2B 与新技术应用的融合、发展。我们相信,B2B 4.0 乃至一批新技术的应用,将会打通从采购、生产、销售到协同合作等在内的各产业环节,激活整个产业,重新定义 B2B 与新贸易方式。

阎志

2019 年 6 月 30 日